3개월마다 만나는 마이크로 트렌드

Vol.3 "만나면 좋은 친구들"

MICRO TREND

3개월마다 만나는

마이크로 트렌드

Vol.3
만나면 좋은 친구들

포럼M(한국능률협회 밀레니얼연구소) 지음

쌤앤파커스

이 책을 읽기 전에

세상은 빠르게 진화하고 있고, 트렌드는 예측할 수 없을 만큼 시시각각 변하고 있습니다. 실시간으로 트렌드를 분석해주는 전문 부서가 있으면 좋겠지만, 그렇지 않은 기업들이 대부분입니다. 그렇다고 인플루언서들의 강연을 매번 찾아다니기는 더더욱 어렵습니다.

《3개월마다 만나는 마이크로 트렌드》는 매달 분석되는 트렌드 자료를 바탕으로 트렌드를 이끄는 키워드와 관련 사례들을 담아 분기별로 독자 분들을 찾아갑니다. 특히 기존 트렌드 도서와 다르게 트렌드를 이끄는 브랜드 담당자들의 생생한 현장 이야기를 담아, 좀더 구체적으로 브랜딩, 마케팅 사례를 이해할 수 있도록 도왔습니다.

이 책은 전반적으로 밀레니얼-Z세대(이하 MZ세대)의 트렌드를 담고 있습니다. 그 이유는 전 세계적으로 이들이 노동시장에서 가장 높은 비율을 차지하고, 소비 구매력의 관점에서도 핵심이 되어가고 있기 때문입니다. 특히 문화, 콘텐츠, 마케팅 관점에서 접근하여, 현재 어떤 문화 현상이 일어나고 있고, MZ세대가 어떤 콘텐츠에 열광하며 어떤 마케팅에 반응하는지 풍부한 사례를 담았습니다. 마케팅, 기획, 창업 아이디어가 필요한 분들에게도 도움이 될 것입니다. 이 책에 실린 '누구보다 빠른' 트렌드로 시대를 읽고, 브랜드를 이끌어가고 있는 생생한 인플루언서들의 이야기를 통해 자신만의 브랜드를 키워나가거나 마케팅 실무에 적용할 수 있는 팁을 얻어가길 바랍니다.

《3개월마다 만나는 마이크로 트렌드》 Vol 3. '만나면 좋은 친구들'은 우리가 열광하는 브랜드와 굿즈의 만남이 만든 컬래버레이션 세계의 진화, 한정판이 문화가 된 이유 그리고 코로나로 더욱 빠르게 변화하고 있는 개인 간의 관계와 커뮤니티 의미의 변화를 다루고자 합니다. 이 책이 해답을 제시할 수는 없지만, 미래를 준비하는 힘을 기르는 데 도움이 되기를 바랍니다.

MiCRO
TREND

PART 1

트렌디한
모든 것을
큐레이션하다!

핫 트렌드 키워드

1.

유례없던 새로운 만남의 향연: 콜라보루션

전혀 상상할 수 없었던 색다른 무언가들의 결합은 기존의 것이 지니고 있었던 고유의 매력을 뛰어넘어 전혀 새로운 매력을 갖게 된다. 기업들은 시간과 비용이 많이 들여 새로운 상품을 만들기보다 소비자들에게 효율적으로 새로움을 주는 컬래버레이션 마케팅을 즐겨 사용하곤 했다. 그러나 이런 컬래버레이션 마케팅에 대지각변동이 일어나고 있다. 동일업종 간, 연결고리가 있었던 업종 간 컬래버레이션 마케팅이 최근에는 전혀 어울리지 않을 것 같은 새로운 산업 간, 지금껏 시도하지 않았던 동일기업 내 제품 간, 또는 콘텐츠와 제품 간 컬래버레이션 등 다양한 형태로 변화되고 있다.

이 같은 컬래버레이션 변화의 배경에는 새로움과 재미를 추구하는 MZ세대의 특성이 녹아 있다. 재미를 소비의 주축으로 삼아 '펀슈머'로 불리는 이들은 이색 컬래버레이션 상품에 지갑을 여는 데

거리낌이 없다. 가잼비 소비(가격 대비 재미)를 지향하는 MZ세대의 성향에 따라 기업들은 앞 다투어 업종 간 경계를 허무는 다양한 컬래버레이션을 진행하고 있는 것이다. 바야흐로 '컬래버레이션 진화'의 시대다.

이러한 현상에 주목해 첫 번째 키워드를 '콜라보루션(Collabolution 컬래버레이션+레볼루션)'으로 정했다. 컬래버레이션의 혁명, 컬래버레이션의 진화를 나타내는 콜라보루션을 통해 MZ세대가 열광하고 있는 경계 없는 컬래버레이션 마케팅을 알아보자.

재밌으니까, 산다
즐겁게 하면, 팔린다

2020년 아카데미 시상식에서 작품상 등 4개 부문을 휩쓴 영화 〈기생충〉에 등장한 '짜파구리'는 이제 외국인들도 즐겨 찾는 '핫한' 음식이 됐다. 짜파구리의 인기는 짜파게티와 너구리를 섞은 독특한 맛도 맛이지만 음식을 먹으면서 영화의 한 장면, 한 장면을 다시 떠올려 보는 재미에서 온다. 실제로 사람들은 짜파구리 시식 후기를 사진과 함께 SNS에 공유하며 공감과 재미를 추구하고 있다.

이처럼 SNS에서 소비자들의 반응을 제품에 반영해 소비자들의 흥미를 끄는 경우가 종종 눈에 띈다. 팔도의 '괄도네넴띤(팔도비빔면을 부르는 별칭)', 농심의 '앵그리 RtA(너구리 제품을 거꾸로 뒤집으면 RtA로 읽힌다는 점에서 붙은 별칭)' 등이 대표적이다. 두 기업 모두

SNS에서 소비자들이 해당 제품을 부르던 별칭을 반영한 신제품을 출시해 큰 관심을 끌었다. 이렇게 MZ세대는 소비를 통해 재미를 찾고, 이색적인 경험을 추구한다. 이전에는 가격 대비 성능을 중시하는 가성비가 이들의 구매 요인이었다면 최근에는 가격 대비 심리적 만족을 중요시하는 '가심비'가 주요 구매 요인으로 작용하고 있으며, 그중에서도 소비를 통해 즐거움을 찾고자 하는 '가잼비' 성향을 보이고 있다.

즐겁게 하면 팔린다

과거에는 잘 만든 상품의 가치 기준에서 실용성의 비중이 컸지만, 요즘에는 실용성이 다소 떨어지더라도 재미가 있으면 더 잘 팔리기도 한다. 재미를 주는 상품과 서비스가 소비를 발생시킨다. 따라서 MZ세대의 소비 성향을 사로잡기 위한 업계의 경쟁이 치열해졌다.

CU는 마치 시장에서 판매할 것 같은 비주얼의 과일박스를 재현한 '과일박스 젤리'를 출시했다. 노끈과 테이프로 포장한 과일박스 안에 사과 맛과 오렌지 맛 젤리를 담았다. 이어서, 옛날통닭의 모양과 포장지를 그대로 구현한 '옛날통닭모양젤리', 치킨무 모양과 용기를 그대로 구현한 '치킨무마시멜로'를 출시해 화제를 모았다.

▲ CU가 선보인 이색모양 젤리 (출처: CU 제공)

GS25는 '똥모양구미'와 '단무지모양젤리'를 선보였다. 콜라 맛을 구현한 똥모양 구미는 상품 전면에 두루마리 휴지를 형상화한 이미지를 삽입했고 후면에 취식 후 다용도로 사용 가능한 물티슈를 동봉하는 등 똥 모양 콘셉트와 연관된 소재를 디자인에 적용했다. 파인애플 맛인 단무지모양젤리는 크기, 모양, 색상, 포장이 시중에 판매되는 실제 단무지와 비슷하다. 2020년 8월에는 컵라면 구매 고객에게 단무지모양젤리를 무료 증정하는 이벤트도 기획했다.

세븐일레븐은 참치회 비주얼을 그대로 구현한 '참치회모양젤리'를 내놓았다. 횟집에서 사용하는 포장 용기를 활용했으며 참치회뿐 아니라 영교와 고추냉이 모양의 젤리까지 담았다. 참치 부위마다 딸기와 복숭아 등 다양한 맛을 즐길 수 있다. 또 포도알

모양을 형상화한 이색 패키지가 특징인 '샤인머스캣젤리'를 출시
했다. 충북 옥천산 샤인머스캣의 상큼함과 망고의 달달함이 조화
롭게 어우러졌다.

김민관 GS25 스낵식품 담당 상품기획자는 "모양과 식감이
특별한 젤리가 소비자 마음을 사로잡으며 인기 상품으로 발돋움
하고 있다."며 "급변하는 소비 트렌드에 맞춰 차별화 상품을 지속
적으로 선보임으로써 고객에게 재미와 새로운 가치를 동시에 제
공하는 쇼핑 환경을 조성할 계획"이라고 했다.

소비자 B씨는 "요즘에는 브랜드끼리 컬래버레이션한 상품을
주로 산다."라고 밝혔다. B씨는 "성질이 전혀 다른 브랜드가 협
업해 기발한 상품을 만들어 소비자의 마음을 사로잡은 것 같다.
내 경우에도 이런 상품들을 보면 기분이 좋아지고 가격이 싸든
비싸든 구매하게 되는 것 같다."라고 덧붙였다.

직장인 C씨는 "뉴스에 경제가 안 좋다고 나와도 젊은 층의
경우에는 사고 싶은 거, 먹고 싶은 거, 하고 싶은 거 다 한다. 소
비자 입장에서도 재밌고 만족을 주는 소비를 하면서 지갑을 열게
되니까 좋은 현상이라고 생각한다."라며 "이는 결국 경제 성장에
도 도움이 될 것 같다."라고 말했다.

콜라보루션, 넌 누구니:
컬래버레이션+레볼루션

컬래버레이션 제품은 왜 밀레니얼에게 인기일까? 앞 장에서 이야기한 밀레니얼의 재미 추구 성향 외에도, 한정판으로 출시돼 이들의 소유욕을 자극하는 데 그 이유가 있다. 컬래버레이션 제품들은 밀레니얼에게 신선하고 재미있게 다가오며, 재미를 소비의 기준으로 삼는 이들에게 다양한 컬래버레이션 제품은 그들이 일상적으로 추구하는 소소한 재미를 충족시켜 준다.

또한 컬래버레이션 제품은 유행에 민감하면서도 자기 개성을 강조하고자 하는 밀레니얼의 특성과 잘 맞다. 새로운 컬래버레이션 제품은 호기심이 많은 밀레니얼의 관심을 끌며, 본인의 개성을 추구하는 수단으로 사용한다.

컬래버레이션 제품,
왜 인기일까?

소비자 제공 혜택 관점에서 모든 컬래버레이션 현상을 관통하는 패턴은 감성적 혜택과 기능적 혜택의 2가지로 나눌 수 있다. 감성적 혜택이란 제품이나 브랜드를 소유하거나 그것을 소유하는 상상만으로 심리적인 만족감을 얻게되는 일종의 정서적 편익을 뜻하며, 기능적 혜택은 정서적 편익보다 실질적이고 물리적으로 이익을 얻는 혜택이다.

감성적 혜택 간 결합

이질적인 감성을 지닌 브랜드가 결합하여 서로 부족한 부분을 보완하여 시너지를 창출할 수 있다. 대표적인 사례로는 스트리트 패션의 상징 슈프림과 명품 브랜드의 결합을 들 수 있다. 특히 상극의 이미지를 가지고 있는 '슈프림×루이비통' 컬래버레이션은 독특하고 새로운 느낌을 주면서 소비자들의 큰 반응을 이끌어 냈다.

감성적 혜택과 기능적 혜택의 결합

특정 브랜드의 감성과 다른 브랜드의 기능성, 실용성이 결합해 새로운 시너지를 창출하는 경우도 있다. 대표적인 사례로는 톰브라운과 삼성 갤럭시 Z플립의 컬래버레이션이 있다. 남성들이 선호하는 톰브라운의 고급스러운 감성이 갤럭시 Z플립을 만나 스마트하고 패셔너블한 명품 폰의 이미지를 확립했다.

기능적 혜택 간 결합

브랜드의 기술력끼리 만나 시너지 효과를 내는 경우를 뜻한다. 대표적인 사례는 샘표와 동화약품의 컬래버레이션이다. '백년동안 배수세미 청담원'은 두 브랜드의 기술력이 결합된 제품으로, 미세먼지 등 유해환경에 따른 호흡기 건강을 챙길 수 있는 건강음료다.

기업들이 컬래버레이션에
빠진 3가지 이유

브랜드가 가지고 있는 고착된 이미지의 탈피

기업들은 브랜드의 고착된 이미지를 탈피하고자 컬래버레이션을 통해 색다른 상품을 선보이고 있다. 대표적인 예로 최근 변신하고 있는 모나미를 들 수 있다. 모나미는 지금껏 모두가 사용하지만, 아무도 궁금해하지 않는 흔한 저가 브랜드로 자리 잡아왔다. 하지만 최근 현대차, 스타벅스 등 다양한 브랜드와의 컬래버레이션을 통해 MZ세대를 주축으로 프리미엄 브랜드로 거듭나고 있다.

브랜드 혹은 제품이 가지고 있는 콘셉트와 스타일 강조

컬래버레이션은 기존 브랜드가 가지고 있는 콘셉트와 스타일을 강조하기도 하는데, 이러한 컬래버레이션은 대부분 디자이너와의 협업으로 이루어진다. 삼성전자는 올해 마세라티 등과 협업하는 것으로 유명한 이탈리아 금속 가공 전문업체 데카스텔리와 협업해 뉴 셰프 컬렉션 '마레 블루'를 선보이며 브랜드의 고급스러움을 한층 강화했으며, 작년에는 나만의 취향을 반영한 냉장고라는 콘셉트의 '비스포크'에 캐릭터를 입힌 '슈퍼픽션 에디션'을 선보인 바 있다.

타 분야 진출의 안전성 확보

다양한 분야와의 협업을 통해 브랜드가 진출하지 않았던 새로운 분야의 진출 판로가 열리는 경우도 있다. 과거에는 의류 브랜드에서 신발 생산 라인을 추가하는 등 새로운 영역에 진출할 때 내부에서 사업을 확장했지만, 최근에는 다른 브랜드와의 컬래버레이션을 통해 확장하는 추세다. 시장에서 검증받은 브랜드와 컬래버레이션 하면 디자인, 기능 등 많은 면에서 안정성을 확보할 수 있기 때문이다.

콜라보루션 유형 1.
산업과 산업의 만남

기존에는 같은 업종 간 제품끼리의 컬래버레이션이 주류를 이루었지만, 최근 업종을 넘나드는 다양한 컬래버레이션 사례가 등장하고 있다. 식품과 스포츠 산업 간, 패션과 식품 간, 화장품과 식품산업 간 등 다양한 컬래버레이션은 MZ세대의 눈길을 끌며 SNS에서 활발히 공유되고 있다.

스포츠 산업과 식품의 새로운 만남

① 한화이글스×풀무원 & CJ제일제당

한화이글스는 다양한 식품기업과의 컬래버를 통해 마케팅을 진행했다. '이글이글 불꽃왕교자'는 CJ제일제당과의 컬래버를 통해 탄생된 제품으로, 꼴등 구단과 1등 만두의 만남이라는 다소 웃기고 슬픈 컬래버로 화제가 되었다. 2019년에는 풀무원식품과 컬래버를 통해 '포기하지 마라탕면'을 출시했다. 중독적인 맛인 마라 소스를 베이스로 개발한 라면으로, 온라인 한정 판매에서 4일 만에 물량을 모두 소진했으며, 2차 앵콜 판매까지 이어질 정도로 화제였다.

▲ 꽃게랑에서 출시한 패션 굿즈 '꼬뜨-게랑' (출처: 빙그레 홈페이지)

패션과 식품의 단짝 결합

① 빙그레 '꼬뜨-게랑'

빙그레는 스낵 '꽃게랑' 모양을 로고화한 패션 브랜드 '꼬뜨-게랑'을 출원, 모델로 지코를 발탁해 일주일간 G마켓 '슈퍼브랜드위크'에서 한정판으로 출시했다. 이러한 재미있는 시도는 MZ세대의 반응을 이끌어내며 SNS에서 이슈가 됐다.

② 맛동산×폴햄

해태제과는 '맛동산'과 국민 캐주얼 브랜드 '폴햄'의 협업 컬렉션을 선보였다. 폴햄의 시그니처 아이템인 베이직 티셔츠에 맛동산 고유의 로고 프린팅이 어우러진 강렬한 레트로 무드가 특징이다. 해태는 폴햄과 협업을 통해 티셔츠를 비롯한 에코백, 돗

자리, 짐색 등 맛동산의 로고를 다양한 패션 아이템으로 활용했다. 남녀노소 누구나 위트 있게 즐길 수 있다는 점이 '폴햄×맛동산' 컬래버 라인의 장점이다.

③ 질러 육포×속옷: '소리벗고 팬티질러'

'육포 팬티'가 나왔다. 속옷 전문업체 BYC는 유명 육포 브랜드 질러와 함께 '소리벗고 팬티질러' 협업 제품을 2020년 6월 출시했다. BYC 남자 삼각팬티 1장과 질러 직화풍 BBQ 맛 육포 8개가 한 세트다. 팬티 제품 포장엔 육포 그림을, 육포 제품 포장엔 팬티 그림을 각각 그려넣었다. 팬티에 붙일 수 있는 브랜드 로고, 알파벳 등의 스티커도 담았다. B급 문화를 좋아하고 이색 상품에 관심이 높은 MZ세대를 겨냥한 협업 제품이다. 이름도 그들의 취향을 반영한 '소리벗고 팬티질러'다. MZ세대가 기분이 너무 좋을 때 '팬티 벗고 소리 질러'라는 표현을 많이 쓰는 데서 착안한 아이디어 상품이다. 육포 팬티 아이디어는 지난 4월 1일 만우절에 BYC의 SNS 계정을 통해 미리 공개됐다. 재밌는 상상이 허용되는 만우절을 틈타 B급 농담 같은 가상의 제품을 만들어 깜짝 공개한 것이다. 육포와 팬티라는 색다른 조화에 '숯불 레드의 강렬한 컬러가 마음에 든다.', '입고 다니면 우리 집 강아지가 좋아할 듯' 등의 댓글이 달리면서 고객 반응이 뜨거워 결국 상품으로 출시됐다.

④ 벤앤제리스×나이키: '청키덩키'

글로벌 파인트 판매 1위 아이스크림과 가장 유명한 스포츠 브랜드가 만났다. 벤앤제리스와 나이키의 컬래버레이션으로 탄생한 나이키 SB 덩크 로우 '청키덩키'는 최근 출시한 컬래버레이션 제품 중 가장 핫한 아이템이다. 지난 5월 26일 12만 9,000원에 발매돼 온라인 추첨 방식으로 판매됐으며 여기에는 방송인 샘 해밍턴도 참여해 눈길을 끌었다. 특히, 이 운동화는 발매 후 3일 만에 리셀 플랫폼 'XXBLUE'에서 약 190만 원 오른 210만 원에 판매되면서 뜨거운 인기를 증명했다.

국내에서도 판매 중인 벤앤제리스 인기 상품 '청키몽키'에서 영감을 얻은 이 신발은 벤앤제리스의 상징인 푸른 하늘과 하얀 구름, 젖소, 그리고 녹아 내리는 듯한 바나나 아이스크림의 형상까지 고스란히 담아냈다. 출시 직전부터 지금까지 아이스크림과 운동화를 사랑하는 MZ세대의 취향을 제대로 저격하며 인기몰이 중이다. 벤앤제리스는 이 밖에도 글로벌 콘텐츠 기업 넷플릭스와의 꾸준한 협업으로 기발한 컬래버레이션 제품을 출시하는 등 위트 있는 브랜드로서의 면모를 보여주고 있다.

생활뷰티와 식품의 색다른 컬래버

① 에뛰드하우스×허쉬초콜릿: '허쉬컬렉션'

화장품 브랜드 에뛰드하우스는 올 초 허쉬초콜릿과 협업해 '허쉬컬렉션'을 선보였다. 허쉬컬렉션은 섀도 팔레트, 틴트, 허쉬

▲ (좌측부터) 팔도×미샤 '팔도 BB크림면', 에뛰드하우스×허쉬초콜릿 '허쉬컬렉션', 애경산업×삼양식품 '2080 호치치약' (출처: 미샤 인스타, 에뛰드 하우스 인스타, 삼양식품 홈페이지)

리유저블 텀블러 등 다양한 상품을 출시했다. 허쉬초콜릿의 오리지널과 인기음료인 쿠키 앤 크림을 이용해 2가지 버전을 선보였다. 에뛰드하우스 관계자는 "허쉬컬렉션은 출시되자마자 SNS에서 열풍을 일으켰으며 출시 한 달 만에 20만 개가 완판되는 인기를 보였다."며 "한국인들이 자주 쓰는 갈색의 포인트를 잘 캐치해 활용도를 높임과 동시에 실제 진짜 허쉬 상자 같은 팔레트가 더해져 20~30세대의 소비욕구를 일으킨 것 같다."고 전했다. 업계 관계자는 "올 초부터 확산되기 시작한 코로나19와 이른 더위로 올해 봄 유통업계 매출이 예년 같지 않은 건 사실이었다."며 "하지만 혜성같이 등장한 컬래버레이션 상품으로 잠든 소비자들의 구매욕이 일어났다."고 밝혔다. 이어 "브랜드 간의 컬래버로 5060과 7080세대에게는 감성과 추억을, MZ세대에게는 흥미와 소장 욕구를 불러일으키는 등 전 세대의 공감과 소통을 끌어내고 있다."며 "계속해서 이색 컬래버레이션이 나오고 있어 나부터도 다음엔 어떤 컬래버레이션이 나올지 기다려진다."고 덧붙였다.

② 애경산업×삼양식품: '2080 호치치약'

'애경산업'은 삼양식품의 '불닭볶음면'과 협업을 통해 화끈하고 시원한 맛이 특징인 '2080 호치치약'을 출시했다. 이 치약은 화끈하고 매운 불닭볶음면의 특징을 살리고 불닭볶음면의 캐릭터 '호치'를 치약 디자인으로 담았다. 불닭볶음면 소스처럼 치약이 짙은 빨간색을 띠는 등 불닭볶음면의 콘셉트를 담았으며 시원한 느낌을 주는 멘톨 성분을 넣었다.

③ 미샤×팔도: '팔도 BB크림면'

화장품 브랜드 미샤는 2020년 2월 '팔도'와 협업해 '블랑비비×팔도 BB크림면' 기획세트를 선보여 화제가 되었다. 블랑비비×팔도 BB크림면은 미샤의 'M 퍼펙트 블랑 비비'와 팔도의 '팔도 비빔면'을 합친 제품으로, 핑크 크림맛 비빔면이다. 기존 비빔면의 차가운 조리법에 토마토 크림의 풍미를 추가해 부드러운 첫맛과 끌리는 매운맛이 특징이다.

콜라보루션 유형 2.
제품과 제품의 만남

동일기업 내 다른 제품들의 결합은 색다른 즐거움을 주며 MZ세대의 지갑을 열고 있다. 한 식품업계 관계자는 "식품은 '습관적 소비'를 가장 많이 하는 품목"이라며 "사람의 입맛은 잘 변하지 않기 때문에 새 제품을 출시해도 큰 관심을 얻기 어렵다."고 했다. 그러면서 "이미 인지도와 신뢰도가 쌓여 있는 스테디셀러를 활용한 제품의 경우 출시 자체가 이슈가 되기 때문에 기존 제품을 즐기던 소비자의 향수를 자극하는 동시에 새 고객층을 유입하는 데에도 용이하다."고 밝혔다.

기업 내 동종 콜라보루션

① 롯데제과 '죠크박바'

롯데제과는 대표 빙과브랜드 '죠스바'와 '스크류바', '수박바'를 함께 담은 '죠크박바'를 만우절 한정판으로 출시했다. '죠크박바'는 만우절을 앞두고 아이스바 마니아들에게 재미를 선사하기 위해 기획된 상품이다. 3가지 제품이 하나로 합쳐져 밀레니얼의 호기심을 유발한 독특한 조합의 죠크박바는 출시와 동시에 온라인을 뜨겁게 달궜으며, 출시 일주일 만에 준비한 수량 180만 개가 완판되는 기록을 세웠다.

② 오뚜기 '진진짜라'

오뚜기는 '진짬뽕'과 '진짜장'을 조합해 탄생시킨 매콤한 불맛 짜장인 '진진짜라'를 출시하였다. 최근 다양한 라면를 조합하는 '모디슈머' 레시피가 유행하며 오뚜기의 대표 제품인 진짬뽕과 진짜장을 함께 조리하는 레시피에 대한 소비자들의 관심이 높아졌다. 오뚜기가 지난해 출시한 '치즈볶이'와 '스파게티'를 섞은 '치즈게티', '짜장볶이'와 '라면볶이'를 섞은 '짜라볶이' 등 모디슈머 조리법의 인기가 실제 제품 출시로 이어지고 있다.

'진진짜라'는 오뚜기의 히트제품인 '진짬뽕'과 '진짜장'을 최상의 비율로 조합하여 탄생시킨 매콤한 불맛짜장이다. '진짬뽕'의 화끈한 불맛에 진하고 깊은 '진짜장'의 풍미가 어우러진 제품으로, 두껍고 넓은 면을 사용해 쫄깃하고 탱탱한 중화면 특유의 맛을 살렸다. 라면 2가지를 섞을 필요 없이 '진진짜라' 한 봉지면 화끈한 불맛 짜장라면을 적절한 양으로 즐길 수 있다.

기업 내 이종 콜라보루션
① 농심 '포테토칩 김치사발면'

농심은 신제품에 대한 심리적 장벽이 낮고 재미있는 아이템을 즐기는 경향이 있는 MZ세대를 공략하기 위해 원조 감자칩 '포테토칩'과 컵라면 '김치사발면'을 합친 '포테토칩 김치사발면맛'을 출시했다. 이 제품은 생감자 스낵인 포테토칩에 김치사발면 특유의 매콤한 김치 맛을 더한 게 특징이며, 지난해 출시한 '포테토칩

▲ (좌)조스바+스크류바+수박바가 합쳐진 죠크박바, (우)포테토칩에 김치사발면 맛이 가미된 포테
토칩 김치사발면맛 (출처: 롯데 페이스북, 농심 페이스북)

육개장사발면맛'에 이어 SNS에서 큰 화제가 되고 있다.

② 빙그레 '캔디바 맛 우유'

빙그레는 최근 대표 스테디셀러인 단지우유 한정판 시리즈 '단지가 궁금해'의 6번째 제품 '캔디바 맛 우유'를 출시했다. 빙그레의 또 다른 대표 제품인 아이스크림 '캔디바'의 소다맛을 우유로 구현해 단지 모양 용기에 담은 게 특징이다. 빙그레는 2018년부터 오디 맛, 귤 맛, 리치피치 맛, 바닐라 맛, 호박고구마 맛 등을 한정판으로 출시하고 있으며, 시장의 반응이 좋은 제품은 정규 제품으로 전환해 판매하고 있다.

콜라보루션 유형 3.
제품과 콘텐츠의 만남

MZ세대에게 인기 있는 콘텐츠와의 컬래버레이션은 기업이 진행하는 컬래버레이션의 단골 소재다. 구매력을 높이는 컬래버레이션의 정석이라고 할 수 있다. 컬래버레이션 명가 스파오는 다양한 콘텐츠를 제품과 결합시켜 MZ세대의 구매력을 높이고 있으며, 게임업계 또한 콘텐츠를 대표하는 캐릭터 컬래버레이션으로 새로움을 추구하는 추세다.

의류와 콘텐츠 컬래버레이션

① 스파오×넷플릭스: '기묘한 이야기 컬렉션'

이랜드월드의 스파오는 넷플릭스 오리지널 시리즈 '기묘한 이야기'와 협업하여 신제품을 출시했다. '스파오×기묘한 이야기' 컬렉션은 기묘한 이야기의 배경인 1980년대의 감성을 재현한 여름 스타일과 주인공들이 드라마 속에서 입었던 의상을 그대로 복제한 제품으로 구성되었다. 해당 제품은 스파오와 넷플릭스가 협업해 디자인한 것으로, 많은 팬을 보유하고 있는 파워 콘텐츠와 제품의 결합을 잘 활용하고 있는 사례다.

② 스쿨룩스×디즈니: '디즈니 컬래버 문구세트 3종'

스쿨룩스는 1318 학생들에게 새로운 경험을 제공하고자 교복업계 최초로 월트디즈니 컴퍼니 코리아와 브랜드 협업을 위한 파트너십을 체결하고 2020년 6월 '디즈니 컬래버 문구세트 3종'을 출시했다. 이번 '문구세트 3종'은 학생들이 자주 사용하는 데스크 매트, 인덱스 스프링노트, L홀더 등 실용적인 아이템으로 구성됐으며, 미키마우스, 곰돌이푸, 어벤져스, 토이스토리 등 디즈니의 인기 캐릭터와 콘텐츠를 활용했다. 스쿨룩스는 학용품 라인을 중심으로 귀엽고 발랄한 디자인을 적용한 디즈니 컬래버레이션 제품을 출시한 후, 교복, 캐주얼 의류 등으로 점차 컬래버 제품군을 확대해 나갈 예정이다.

게임 콘텐츠 컬래버레이션

① NHN×꾸러기수비대: '크루세이더 퀘스트 이벤트'

NHN은 자사의 게임인 '크루세이더 퀘스트'에 일본 유명 애니메이션 '꾸러기수비대'와 컬래버레이션을 통해 십이지 동물들의 캐릭터를 등장시켰다. 꾸러기수비대는 80~90년대생에게 추억의 만화로 회자되는 작품으로, 팬들에게 추억을 소환하는 반가운 이벤트로 꼽힌다. NHN은 그동안 고블린슬레이어, 길티기어, RWBY, 방패용사성공담 등 글로벌 유명 IP(지식재산권)와 지속적인 컬래버레이션 업데이트를 진행한 바 있다.

② 넥슨×슬로우애시드: '크레이지레이싱 카트라이더 컬래버레이션 의류'

넥슨은 슬로우애시드와 손을 잡고 온라인 패션 스토어 무신사를 통해 '크레이지레이싱 카트라이더 컬래버레이션 의류'를 출시하였다. '카트라이더×슬로우애시드'는 슬로우애시드 특유의 과감한 색상과 트렌디한 디자인 요소에 15년 넘게 서비스 중인 카트라이더 IP를 재해석한 컬래버레이션 의류로, 긴팔티, 반팔티, 후드티, 반바지, 모자 등 가볍고 밝은 느낌의 제품 13종으로 구성됐다. 권용주 넥슨 IP사업팀장은 "두 브랜드의 정체성을 살리는 동시에 시각적 조화를 꾀하기 위해 많은 노력을 기울였다."며 "주요 고객 층인 MZ세대에게 새로운 즐거움을 제공하겠다."고 말했다.

③ 펄어비스X광천김: '김은사막'

펄어비스는 2020년 9월 조미김 제조기업 광천김과 함께 김 상품 '김은사막'을 내놓았다. '사막의 열기로 바싹 구운 김'이라는 콘셉트다. 제품은 도시락용 김 16봉과 20봉 2가지다. 일반 김과 크게 다를 것은 없지만 상품 이름을 통한 언어유희와 독특한 콘셉으로 이용자들의 눈길을 끌었다. 게임회사들은 이런 이색 콜라보를 바탕으로 잠시 주춤하던 게임의 반등과 함께 게임 IP의 새로운 변신을 모색하고 있다.

만나면 좋은 친구(들):
콜라보루션 '명가'

휠라보레이션:
휠라

휠라(FILA)는 컬래버레이션을 통해 브랜드 이미지와 기업 가치 제고에 성공한 대표적인 기업이다. 휠라는 배틀그라운드, 츄파춥스, 베네피트, 메로나, 펩시, 건담 등 이종 간 경계를 넘나드는 파격 컬래버레이션을 진행하며, 3040세대가 즐겨 입는 다소 올드한 이미지에서 1020세대가 열광하는 톡톡 튀는 브랜드로 변신했다. 휠라는 앞선 협업능력으로 '컬래버레이션 장인', '휠라보레이션'이라는 별명을 얻기도 했다.

2020년에는 샌드위치 전문점 써브웨이와 손을 잡고, '휠라×써브웨이' 컬래버 컬렉션을 선보였다. 써브웨이의 시그니처 색인

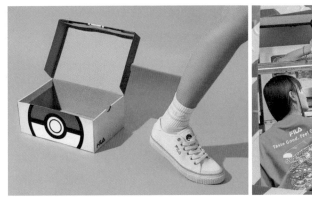

▲ 휠라보레이션이라는 별명을 가진 휠라의 컬래버레이션 상품들. (좌)포켓몬X휠라 운동화, (우)써
브웨이X휠라 티셔츠와 모자 (출처: 휠라 페이스북)

초록색을 사용한 티셔츠와, 스니커즈로 구성된 이 제품은 SNS에
서 많은 인기를 끌고 있다.

넌 다 계획이 있구나:
스파오

스파오는 다양한 콘텐츠를 제품에 녹여내는 것으로 유명한
컬래버레이션의 명가로, 시의적절하게 내놓은 유명 콘텐츠와의
협업 제품이 소비자로 하여금 마치 미리 계획이 짜여져 있는 것
처럼 느껴지도록 한다.
'해리포터 컬렉션', '겨울왕국', '펭수 시리즈'로 컬래버 명가의

반열에 오른 스파오는 한국 영화사를 다시 쓰고 있는 영화 '기생충'과 손잡고 '스파오×기생충' 컬렉션을 출시하기도 했다. 이 컬렉션은 출시 직후 무신사 랭킹에 오르는 등 기존 컬래버레이션 고객층과 달리 2535남성에게도 어필하며 넓어진 고객층을 흡수했다. 이뿐 아니라 스파오는 넷플릭스 인기 컨텐츠인 '기묘한 이야기'와 협업해 출시하자마자 온라인에 준비된 물량이 1시간 만에 완판되었다.

또한 스파오는 지난 7월 음원차트를 점령한 '싹쓰리'와 협업을 성사시키며 컬래버 강자로서의 입지를 단단히 굳혔다는 평가를 받고 있다. 출시 제품은 총 11종의 반팔 티셔츠로, 싹쓰리만의 레트로 감성을 담은 디자인을 담았다. 특히 '레트로 테이프', 'BPM 130', '라떼마리아 레터링' 등 프로그램을 즐겨 본 시청자들이라면 환호할 디테일들이 티셔츠 곳곳에 숨어 있어 입는 재미를 더한 것이 특징이다. 부담 없이 입기 좋은 반팔 티셔츠 단일 품목으로만 협업 상품을 구성하고, '산타모티카 비치', '싹스리 4개국어 티셔츠' 등 레트로 무드를 담았다.

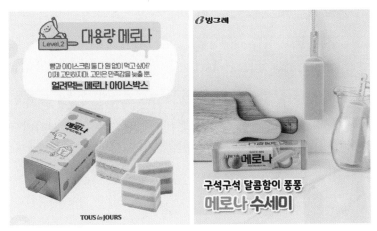

▲ 메로나와 협업한 제품들. (좌)뚜레주르와 협업한 얼려먹는 메로나 아이스박스, (우)메로나 출시 25주년을 기념하여 만든 메로나 수세미 (출처: 뚜레주르 페이스북, 빙그레 페이스북)

컬래버레이션
'라이징 다크호스'

'재미' 하면 빙그레

"올 때 메로나!" SNS에서 MZ들이 놀이하듯 던지는 이 말을 빙그레는 놓치지 않았다. 빙그레는 뚜레쥬르와 빙그레 '메로나' 아이스크림을 모티브로 '메로나 시리즈'를 출시하였다. '메로나 시리즈'는 국민 아이스크림 '메로나'를 베이커리 대표 제품인 케이크와 빵에 적용한 쿨 브레드, 멜론 케이크 등으로 구성했으며, 여름 한정 제품으로 출시 한 달 만에 30만 개 이상 판매될 정도로 인기 제품이 되었다.

이외에도 빙그레는 온라인 서점 예스24와 손잡고 도서 관련 굿즈 컬래버레이션을 진행하였다. 빙그레 대표 아이스크림인 메로나, 붕어싸만코, 더위사냥 등을 모티프로 한 북 클립, 북 파우치, 독서대 등 컬래버 굿즈를 예스24 온오프라인 채널을 통해 판매했다. 또한 올리브영과 협업해 바디케어 제품을 출시하기도 했다.

핵인싸의 상징, 곰표

대한제분의 밀가루 브랜드 '곰표'의 굿즈들은 최근 MZ세대 사이에서 핫이슈로 떠오르며 레트로 열풍을 타고 핵인싸들의 아이템으로 자리잡았다. 곰표는 색다른 것을 찾는 MZ세대의 눈에 띄어 선택받은 브랜드다. 대한제분의 마스코트인 '곰표' 캐릭터와 함께 옛 패키지 디자인을 그대로 적용한 뉴트로풍 굿즈를 출시해 곰표 밀가루를 모르는 MZ세대의 '뉴트로' 감성을 저격한 것이다. 2018년 여름 의류업체 4XR과의 컬래버로, 곰표 반팔 티셔츠 한정 출시에 이어 그해 겨울 패딩 점퍼를 출시해 SNS에서 인증 열풍을 일으켰다. 이후 다양한 유통업계 컬래버 제의로 치약, 나초, 화장품, 맥주 등 다양한 굿즈를 선보이고 있다. 특히 지난 5월 출시한 '곰표 밀맥주'는 출시와 동시에 매진되는 등 MZ세대의 인싸템으로 사랑받고 있다.

▲ CU가 대한제분, 말표산업과 각각 협업하여 만든 곰표 밀맥주와 말표 흑맥주 (출처: CU 제공)

컬래버레이션 무대의 집결지: 편의점

트렌디한 편의점 콜라보 성지, CU

CU는 예상치 못한 신선한 콜라보로 연일 화제를 모으고 있다. 베스트셀러 《죽고 싶지만 떡볶이는 먹고 싶어》를 모티브로 한 가정간편식 떡볶이 제품 5만 개를 한정 출시하며 화제를 모았다. 상품 패키지는 실제 책 표지 디자인을 그대로 옮겨왔으며, 조리법, 보관법, 칼로리 등이 적힌 상품정보도 노란색 접착식 메모지 모양으로 디자인해 감성을 담았다.

콜라보 수제맥주도 흥행을 이어가고 있다. CU가 대한제분과 손잡고 업계 단독 출시한 곰표 밀맥주는 단 3일 만에 초도 생산물량 10만 개를 완판했다. 이 제품은 수제맥주 카테고리 1위는 물론 전체 국산 맥주 판매량 TOP 10에 진입할 정도로 대형 제조사 상품들과 어깨를 나란히 하고 있다. 가장 최근에는 구두약 제조사 '말표산업', 수제 맥주 제조사 스퀴즈브루어리와 손잡고 '말표 흑맥주'를 단독 출시했다. 말표 구두약의 시그니처 디자인을 그대로 오마주했으며 심볼 캐릭터인 프셰발스키 야생말이 보리를 입에 물고 있는 모습으로 재미를 더했다. 말표 패키지에 맞게 다크 초콜릿과 에스프레소의 향을 살린 다크 비어로 맛까지 잡았다. 이외에도 네이버 웹툰의 인기작 '호랑이형님', 에일맥주 맛집으로 유명한 플래티넘맥주와 손잡고 업계 최초 웹툰 협업 수제맥주인 '무케의 순한 IPA'를 선보이기도 했다.

트렌드 25시, GS25

GS25의 핫한 컬래버레이션 제품은 지난 3월에 출시한 펭수 굿즈를 꼽을 수 있다. 펭수 프레시푸드 4종, 펭수 우산 2종, 펭수 양말 4종으로 구성된 펭수 굿즈는 맑은 날씨가 이어졌음에도 평균 대비 30배의 매출 기록을 세웠으며, 펭수 양말 4종은 전년 동기 대비 250% 끌어올렸다. 이 밖에도 코리아 크래프트 브루어리, 제주 맥주 브루어리, 카브루 등과 함께 우리나라 랜드마크 시리즈 수제맥주 '광화문', '남산', '성산일출봉' 등을 선보이기도 했다. '강릉 초당 순두부 아이스크림' 시리즈도 GS25에서 화제가 되고 있는 컬래버레이션 제품이다.

라이벌의 경계도 넘어서는
컬래버레이션

버거킹 vs 맥도날드

라이벌 컬래버레이션의 대표적인 예는 버거킹과 맥도날드와의 컬래버를 들 수 있다. 2015년, 버거킹이 맥도날드에 '세계 평화의 날' 기념 컬래버레이션을 제안했다. 지금까지 은근한 디스와 비교 광고를 통해 싸워왔던(?) 역사를 가지고 있는 두 브랜드로서는 이례적인 행보였다. 하지만 버거킹이 〈뉴욕타임스〉 등의 전면 광고를 통해 세계 평화의 날인 9월 21일 하루 동안 컬래버 제품인 '맥와퍼'를 팔아 그 수익금을 기부하자는 내용의 제안 편지를 보냈으나 맥도날드가 거절함으로써 전 세계의 눈이 집중된 이 이벤트는 아쉽게 막을 내렸다. 이후 하루 동안 맥도날드가 빅맥 판매 수익금 전부를 소아암 치료에 기부하는 행사를 진행할 때, 버거킹이 와퍼를 판매하지 않는 CSR 컬래버레이션을 2018년, 2019년 진행했다.

신세계푸드 vs GS25

신세계 그룹 계열사인 신세계푸드는 지난해 11월 GS리테일과 손잡고 안주류 가정간편식 브랜드 '올반 한잔할래'를 출시, GS25에서만 판매 중이다. 신세계푸드가 같은 그룹 계열사인 이마트24가 있는데도 굳이 '바깥 세력'과 손을 잡은 것이다. 이런 결정의 배경에는 GS리테일이 밀키트 심플리쿡 100여 종을 출시하며 가진 노하우와 1만 3,600개 GS25 편의점 유통망을 접목하면 급성장 중인 안주류 가정간편식 시장에서 경쟁력을 높일 수 있다는 판단이 들어 있었다. 실제로 해당 시리즈는 GS25의 냉동 안주류 매출 TOP 5에 자리잡았다.

따라 만드는
레시피는 거부한다

SNS를 활발히 사용하는 밀레니얼은 기존의 제조법을 그대로 따라 하기보다는 자신만의 레시피를 창조하고자 하는 '모디슈머'적 특성을 보인다. 이들은 본인이 창조한 꿀조합 레시피를 공유하고 인정받기를 원하며, 이 중 인기를 끈 레시피는 기업이 새로운 제품을 만들 때 소재로 참고하기도 한다.

모디슈머는 각자의 방식에 따라 새롭게 조합해 활용하는 소비자를 뜻하는 신조어로 '수정하다(Modify)'+'소비자(Consumer)'를 결합한 단어다. 이들은 남들과 똑같이 먹는 것에 흥미를 느끼지 못한다. 기성의 방식을 창의적으로 비트는 데 굉장히 능한 모디슈머들은 SNS에 자신만의 레시피를 알리며 남들과 다르게, 그러면서도 더 재미있고 맛있게 먹는 것에 의미를 부여한다. 재미를 추구한다는 점에서 이 모든 과정은 모디슈머들에게 하나의 놀이이고 일종의 게임이 된다. 또한 모디슈머는 그 누구보다 능동적인 소비행태를 보이며, 참여와 소통을 중시한다. 최근 밀레니얼에게 인기를 끈 대표적인 레시피로는 아래의 것들이 있다.

- **마크정식**: 갓세븐 멤버 '마크'의 팬이 올린 레시피로, 편의점에서 구매할 수 있는 자이언트 떡볶이, 스트링 치즈, 소시지, 콕콕콕 스파게티를 모두 섞었다. 둘이 먹다가 하나 죽어도 모르는 맛이라고 한다.
- **오감자 치즈후라이**: 오감자 위에 체다치즈와 스트링치즈를 올리고 전자레인지에 1분간 돌려 먹으면 아웃백의 '오지치즈후라이' 못지않게 맛있다고 한다.
- **꿀떡버거**: 꿀호떡과 소시지바를 전자레인지에 돌린 후 꿀호떡을 반으로 갈라 편의점 샐러드와 소시지바를 넣어 먹는 레시피

모디슈머에
귀 기울이는 기업들

모디슈머들의 활약으로 SNS에서 소비자들의 여러 레시피 인증샷이 올라오면서 기업들은 제품을 따로 홍보하지 않아도 매출이 상승하는 마케팅 효과를 톡톡히 보고 있다. 이런 관심에 힘입어 기업은 모디슈머들이 올리는 SNS상의 인기 레시피에 발맞춰

단종한 제품을 재생산하거나 새로운 제품을 출시하는 등 트렌드를 재빨리 반영하고 있다.

썬칩, 치킨팝 is back

몇 년 전 발생한 오리온제과의 이천 공장 화재로 생산라인이 모두 타버려 단종되었던 '치킨팝'과 '썬칩(정식 명칭 '돌아온 SUN')'은 소비자들의 꾸준한 러브콜로 두 제품 모두 재출시되었으며, 재출시 이후 꾸준한 인기를 얻고 있다.

화사가 먹던 트러플 짜파게티

MBC 예능 프로그램 '나 혼자 산다'에서 화사가 먹어 화제가 된 '트러플 짜파게티'는 '짜파구리'로 이미 모디슈머의 원조기업이라 불리고 있는 농심에서 내놓은 제품이다. 농심은 최근 짜파게티 출시 35주년을 맞아 짜파게티 응용 레시피 투표에서 가장 많은 지지를 얻은 '트러플 짜파게티 큰사발'을 정식 출시하며 모디슈머 마케팅을 활발하게 이어가고 있다. 이 제품은 트러플 풍미유를 후첨 스프로 넣어 짜파게티에 트러플의 고급스러운 맛과 향을 더한 것이 특징이다.

소비자들이 만든다 DIY 레시피

롯데제과의 '빠다코코낫'도 최근 20~30대 여성 소비자를 중심으로 '앙빠(앙금+빠다코코낫)'란 이름의 DIY 레시피가 입소문을 타며 인기를 끌고 있다. 앙빠는 빠다코코낫 사이에 팥 앙금과 버터를 넣어 샌드위치처럼 먹는 디저트다. 빠다코코낫 제품 후면에 '앙빠 레시피'를 삽입하는 마케팅으로, 매출이 전년 동기 대비 30% 이상 증가하며 새로운 전성기를 맞고 있다. 특히 최근에는 모디슈머 트렌드에 착안해 스낵과 디핑소스로 구성된 '딥소스 팩'을 새로 선보이며, 다시 한번 모디슈머 공략에 박차를 가했다.

오리온은 매년 과자를 더 맛있게 즐길 수 있는 '과자 아이스 레시피'를 공식 SNS에 공유하며 모디슈머들에게 큰 사랑을 받고 있다. 특히 올해는 얼린 초코우유에 '오!그래놀라 카카오&유산균 볼', '생크림파이', '다이제 씬' 등을 넣어 빙수를 완성하는 '오리온 초코 대야 빙수' 레시피가 많은 주목을 받았다. 1020세대의 취향을 저격하며 페이스북 게시 한 달 만에 63만 건이 넘는 조회수를 기록하기도 했다. 동원참치는 다양한 식음료업체와 컬래버를 진행하는 것으로 잘 알려져 있다. '꼬깔콘'과의 컬래버를 통해 스낵에 참치를 활용한 레시피를 제공한 사례는 2018년 경영혁신 컨퍼런스 우수사례에 선정되기도 했다. 또 롯데제과 '야채크래커'와 컬래버하여 참치 카나페 레시피를 패키지에 삽입하고 묶음할인 이벤트를 진행해, 자사 신제품인 스낵참치를 홍보하고 야채크래커의 매출도 함께 올리는 윈윈 효과를 거두었다.

2.
'부족함'이 가치를 지니는 시대, 부족 사회

철학자 쇼펜하우어는 "완전히 행복하면 불행해지기 쉽다. 완벽하기 보다는 뭔가 아쉬운 것을 남겨두라."고 말했다.

역설적이게도 모든 사람들이 모든 것이 완전하고 완벽한 삶을 꿈 꾸지만, 결국 완벽함에서 행복을 느끼는 것이 아니라 그 완벽함을 위해 부족한 것들을 채워나갈 때 행복함을 느낀다는 것을 의미한다.

그래서일까? 모든 것이 풍족하고, 언제 어디서든 내가 원하는 것 에 닿을 수 있는 시대에 이상하게도 오히려 우울감을 호소하는 현대 인이 더 많아졌다. 이 우울감은 결핍에 의한 것이 아니라, 풍족함에 서 오는 무기력과 권태에 근거하고 있다.

사람들은 이제 완벽함이 주는 답답함과 권태로움에서 벗어나 부 족함에서 편안함과 위로를 얻고, 어디에나 널려 있어 쉽게 얻을 수 있는 것보다는 한정된 무언가를 힘들게 쟁취하는 과정을 통해 자신만의 특별함을 느끼기 시작했다. 모든 것이 완벽하고 풍요로운 시대 속에서 사람들은 반대로 결핍과 부족을 찾아나서기 시작한 것이다.

　이러한 현상을 바탕으로 선정한 트렌드 키워드는 '부족 사회'다. 완벽함보다는 조금은 허술하지만 진정성 있는 모습에 더 공감하고 자신만의 특별함을 갖고 싶어 하는 밀레니얼들을 위해 기업들은 이상적인 마케팅보다는 현실적이고 공감할 수 있는 마케팅에 집중하고, 그들만의 특별한 '한정판'을 앞다투어 내세우고 있다.

　부족함이 가치를 지니는 시대, 결핍을 사랑하는 세대에게 어떤 가치를 제공할 수 있을지, 어떤 '부족함'을 매력으로 내세울 수 있을지 고민해보기를 바란다.

부족함 그 자체가 매력:
'허술한 게 딱 내 스타일'

과한 복장에 철 지난 꾸러기 표정,
보면 볼수록 빠져드는 비, '깡' 열풍

'1일1깡'이라는 유행어를 낳으며 조롱당했던 비. 사실 '깡'의 밈(Meme)은 원래 비를 조롱하는 놀이였다. 당시 비가 시도한 으스대는 분위기의 힙합을 보고 사람들은 비가 허세를 부린다고 비웃으며 조롱했다. 하지만 3년 뒤, 여고생 유튜버 '호박전시현'이 비를 연상하게 하는 캡을 착용하고 어깨 '뽕'을 강조한 옷을 입고 '깡' 뮤직비디오를 커버한 영상으로 '깡' 신드롬이 촉발되기 시작했다. 이후 네티즌들은 비의 '깡' 뮤직비디오를 다시 보기 시작했고, 해당 뮤비에는 "뮤비는 관심 없고 댓글 구경하러 왔다.", "망할 알고리즘이 날 깡으로 인도했다.", "내 인생은 깡을 만나기 전과 후로 나뉜다.", 'ID 김태희'의 "오빠 하고 싶은 거 그만해.", 'ID 화려한 조명'의 "저는 비를 감싼 적이 없습니다." 등 놀랍도록 재치 있는 댓글이 잇따르며, '댓글 맛집'이 되었다.

이후 비는 MBC 예능 프로그램 '놀면 뭐하니?'에 출연하였는데, 이날 방송에서 유재석은 "'깡' 이야기 좀 하려고 한다."며 조심스럽게 이야기를 꺼냈다. 그러면서 "비의 예전 춤처럼 되게 멋있게 봤다. 요즘 분들이 보기에는 신기했나 보다."라고 언급했다. 비는 "그러면 나 좀 섭섭해요."라고 솔직하게 말을 꺼내더니 "신기해하기보다는 별로였던 것 같다."며 쿨한 반응을 보였다. 그는 "과거 댄스가수라 하면 눈빛을 발사해야 하고 무대를 부셔야 했다. 이제는 카메라를 보거나 춤을 너무 잘 추면 촌스러워진 것"이라고 분석했다. 유재석은 "이렇게 흐름을 잘 아는 사람이 왜 이렇게 만들었나."라고 물었고 비는 "그 이후로 알게 됐다."고 반성했다. 그러면서 비는 "저는 1일7깡 한다. (이 현상이) 저는 너무 재밌다. 더 놀아주시길 바란다. 하루에 12깡 하는 사람도 있더라. 요즘 예능보다 제 댓글 읽는 게 훨씬 재밌다."라고 말했다. 게다가 김태희도 '깡' 현상을 좋아한다고 언급했다. 방송을 본 네티즌들은 비의 배포 넘치는 모습에 박수를 보냈다. "이 형이 '월클(월드클래스)'이라고 느낀 것은 바로 '깡 사태'를 정면 돌파한 것", "놀리던 애들도 다 존경하게 만들었다.", "관심에 대한 대응을 어떻게 하는 줄 알기에 주목받는 것", "상처받을까 봐 살짝 걱정했는데 이

미 팬들 반응을 알고 있었다는 것에 소름이 돋았다.", "조금 속상
했을 수도 있을 텐데 유쾌하게 넘어가는 모습이 멋있게 느껴졌
다."는 반응이 줄을 이었다. 이 쿨한 '대인배'적인 태도가 한순간
에 비의 이미지를 호감으로 반전시키며 일명 '깡' 열풍이 시작되
었다.

댓글 맛집 순례

'깡'처럼 재미있고 기발한 댓글을 양산해내는 콘텐츠를 최근
'댓글 맛집'이라고 부른다. 댓글 맛집은 뮤직비디오를 비롯해 드
라마, 예능, 인터뷰, 음악방송 영상 등 장르를 가리지 않는다. P씨
는 "요즘 '1일3깡'을 하는데 가로로 영상을 본 적은 한 번도 없다.
어떤 댓글이 새로 올라왔을까 궁금해 영상을 찾는다."고 말했다.

'가로로 볼 땐 비극이지만, 세로로 볼 땐 희극'이라는 말은,
휴대전화를 가로로 뉘여 전체 화면으로 뮤직비디오만 감상했을
땐 별로 재미없지만 세로로 세워 댓글과 함께 보면 재미가 배가
된다는 뜻이다. 댓글 맛집은 콘텐츠의 관전 포인트를 소비자가
직접 정하는 것이 특징이다. 사람들은 생각지도 못했던 장면에
서 재미 요소를 찾아낸다. 시청률 40%를 웃돌았던 SBS 드라마
'천국의 계단'(2003년)에서 시청자의 눈물샘을 자극한 장면에 기상
천외한 댓글이 달렸다. 시력을 잃어 가는 한정서(최지우)를 한태

화(신현준)가 창문에 두 손을 대고 아련하게 바라보는 장면에 대해 "과자 먹고 싶어서 창문에 매달린 아이 같다."고 묘사한 댓글에 사람들이 폭소를 터뜨린 것이다.

그룹 '제국의 아이들'의 2012년 곡 '후유증'의 음악방송 무대도 '깡'을 이을 댓글 맛집으로 꼽힌다. 가사와 멜로디, 멤버들의 표정이 제각각 따로 노는 어색한 무대를 재미의 포인트로 잡은 기발한 댓글이 넘쳐났다. "신나는 멜로디+슬픈 가사+화난 표정+사랑스러운 포즈=총체적 난국.", "분명 가사는 슬픈데 광희 표정만 보면 결혼식 축가네." 등의 댓글이 인기였다.

유튜브, 인스타그램에 '댓글 맛집'을 검색하면 영상의 '베스트 댓글'을 순차적으로 보여주는 채널이 여럿 나온다. 올해 1월 개설된 인스타그램 'legend_vh'는 댓글 콘텐츠를 올리면서 구독자 수가 한 달 만에 2만여 명이 늘었다. 채널 운영자는 "비의 '깡' 이후 '병맛 댓글'에 대한 사람들의 관심이 폭발적이다. '고전 짤'은 이미 많이 소비돼 짤 자체만으로는 식상함을 느끼기 때문"이라고 했다. 박기수 한양대 문화콘텐츠학과 교수는 "젊은 세대에게 댓글은 놀이 수단이다. 깡에 댓글을 다는 것도 비를 희화화하거나 비방하려는 목적보다는 콘텐츠 소비에 적극적으로 참여하려는 '놀이' 성격이 강하다. 그 과정에서 원래 콘텐츠의 재미보다 변형된 즐거움이 더 커지는 것"이라고 말했다.

한정판 문화:
부족해서 더! 갖고 싶다

지난 5월 22일, 여의도 한 스타벅스 매장에서 약 130만 원어치 커피 300잔을 주문한 구매자가 딱 1잔의 커피와 사은품 여행가방 17개만 챙겨간 일이 논란이 되었다. 이는 스타벅스가 진행하는 'e-프리퀀시 이벤트' 때문에 벌어진 일이다. 특히 핑크색 가방은 매장 오픈 시간에 맞춰 방문하거나 수시로 재고를 문의해야 겨우 구할 수 있어 중고 거래 사이트에는 수고비 1만 원 정도를 받고 대리 교환을 해주겠다는 이들까지 등장했었다.

지난 7월 10일 문을 연 에그슬럿 코엑스점은 국내에서 미국 캘리포니아 본토 에그슬럿을 맛볼 수 있는 유일한 매장으로, SPC 삼립이 국내에 론칭하였다. 매장 오픈 12일 만에 SNS에는 에그슬럿 해시태그를 단 게시글이 1만 4,000건 이상 게재됐다. 매장 앞에서 30분째 대기 중이라던 G씨는 "에그슬럿에서 식사했다는 지인의 SNS 포스팅을 보고 에그슬럿이라는 미국 샌드위치가 인기 있다는 사실을 알게 됐다."며 "근처에 들른 김에 생각이 나 호기심에 방문했다. 식사 후 사진을 찍어 SNS에 게재할 생각"이라고 말했다. 또 K씨는 "딸과 함께 코엑스에 들렀다가 인기 있는 샌드위치 가게가 있다는 소식에 매장을 방문하게 됐다."며 "길게 늘어선 줄을 보니 아무나 쉽게 먹을 수 있는 음식은 아닌 것 같다. 쉽게 먹기 어려운 샌드위치를 경험했다는 점에서 슬쩍 성취감이 든다."고 이야기했다.

이처럼 희소성을 활용한 마케팅 방법은 '한정판 마케팅'의 일종이다. 희소성에 대한 고객의 심리를 활용하여, 구매욕구를 높일 수 있는 한정판 마케팅은 '헝거 마케팅'이라고도 불린다. 적절한 한정판 마케팅의 활용은 매출뿐만 아니라 고객에게 브랜드 인식을 심어주고, 브랜드 가치를 높이는 효과를 가져온다. 사람들은 독특성에 대한 욕구가 있고, 결과적으로 쉽게 구매할 수 없는 상품을 선호하며, 한정판 제품의 실제 품질과 상관없이 소비자들은 희소한 상품의 품질이 더 높다고 지각하게 된다. 이러한 사람들의 심리를 활용하여 기업들은 다양한 마케팅 방법을 구사하고 있다.

한정판 마케팅:
고객을 배고프게 만드는 '헝거 마케팅'

　　한정판 마케팅은 한정된 물량만 판매하여 소비자의 구매욕구를 높이거나 자극시키는 마케팅 기법이다. 한정된 물량만 만들어서 한정된 곳에서 판매하는 마케팅으로, 의식적으로 잠재 고객들을 배고픔(hungry)의 상태로 만들어서 고객에게 구매욕구를 불러일으키게 하는 마케팅 전술이다. 시장에서 수요량보다 적은 공급을 제공하여 언제나 상품 부족 상태, 즉 헝거 상태를 만들어 내는 것이다. 상품이나 제품의 희소성을 의식적으로 높여서 소비자들의 수요 욕구를 증대시키는 시장조절 방식의 일종이다.

　　한정판 마케팅 효과의 장점과 단점은 극명하다. 장점은 희소가치를 내세워 소비자의 구매욕을 자극하고, 생산 물량을 제한함으로써 재고 관리에 효율적이며, 신제품 출시 전 시장반응을 볼 수 있는 테스트 베드로 활용가능하고, 브랜드 인지도 제고에도 도움을 준다. 반면, 단점은 소비자들이 즉각 제품을 구매할 수 없으며, 시기를 놓치게 되면 불편함이나 제품, 브랜드에 대한 불만으로 이어질 수 있고, 기존 제품과 차별점이 없으면 구매 가치가 떨어진다. 또한 한정판이 쏟아져 나오면서 소비자들에게 한정판이 식상하게 다가갈 수 있다. 그러므로 한정판 마케팅을 실시한 후 어떻게 그 제품 구매에 대한 소비자들의 니즈를 이어갈 수 있을지를 함께 고려한 마케팅 플랜이 세워져야만 한다.

한정판 마케팅을 활용한
'부족 사회'의 마케팅 전략

밀레니얼의 마음을 얻기 위해서는 경험과 차별화된 가치, 그리고 진정성을 담은 한정판 마케팅을 제공해야 한다. 소비 자체가 즐거운 경험이 될 수 있어야 하고, 제품 자체가 양적으로 희소할 뿐만 아니라 질적으로도 소장가치가 있어야 하며, 한정된 상품에 대한 구매욕구를 자극하는 만큼 소비자의 신뢰를 얻기 위한 진정성이 담겨 있어야 한정판 마케팅은 성공할 수 있다. 그렇다면 한정판 마케팅으로 밀레니얼의 마음을 얻으려면 어떠한 마케팅을 진행하여야 할까.

①소비보다 경험을 추구하는 밀레니얼에게 소장욕구를 자극할 만한 차별적인 가치와 ②이슈가 될 만한 매력을 가진 희소성을 제공하며 ③진정성을 담은 마케팅을 진행하여야 한다.

어렵게 얻은 '경험' 그 자체가 즐겁다

'래플(raffle)'은 본래 추첨식 복권을 뜻하는 말로, 한정적인 제품을 다수의 소비자가 구매하고 싶어 할 때 응모를 받아 무작위 추첨을 통해 당첨자에게만 판매하는 방식을 일컫는다. 이는 한정판 제품을 선착순으로 판매하는 것이 공평하지 않다는 소비자들의 불만을 보완하기 위해 생겨났다. 기업 입장에서 래플은 짧은 시간 내에 모든 수량을 완판할 수 있을 뿐만 아니라 구전 효과를 통해 브랜드의 가치 상승효과를 누릴 수 있고, 소비자 역시 재미있는 소비 경험을 통해 어렵게 얻은 제품에 더욱 가치를 부여하는 양상을 보이고 있다.

무신사는 모바일 애플리케이션을 통해 회원 아이디 1개당 1회씩 래플 참여 기회를 주며, 당첨 여부는 카카오톡으로 통보한다. 무신사가 래플을 통해 판매하는 제품의 종류는 다양하다. 출시 가격의 10배가 넘는 가격에 재판매되는 '컨버스×오프화이트 척테일러 V2 올스타 70S 하이'와 같은 브랜드 간 인기 협업 제품을 판매하기도 하고, '럭키 프라이데이'라는 이름 아래 매주 금요일마다 명품 제품을 9만 원 대에 판매하기도 한다. 또 구하기 힘들었던 코로나19 마스크 같은 저가 제품도 래플을 통해 판매했다.

나이키 코리아는 래플 참여 조건을 세부적으로 제한하고 있다. 일례로, 인스타그램에 드레스코드를 준수하여 포스팅한 소비자들만 래플에 참여할 자격이 있다. 지난 6월 '나이키 스니커즈 홍대'의 공식 인스타그램에 '나이키 덩크 로우 SP' 제품의 래플 판매가 공지되었는데, 래플에 응모하기 위해서는 본 인스타그램 계정 팔로우 후 나이키 상의와 나이키 덩크 운동화를 착용한 사진을 나이키의 로고 이미지와 함께 자신의 인스타그램에 올려야 했다. 이를 통해 '나이키의 충성 고객'으로 참여 조건을 한정시키겠다는 메시지를 드러내고 있는 것이다.

차별화된 가치를 제공하다

BMW코리아는 2019년 12월 온라인 판매 플랫폼인 'BMW 숍 온라인'을 통해 기본 모델을 바탕으로 특색을 더한 온라인 전용 한정판 모델 판매를 시작했다. 한정판 차량은 최소 25대에서 최대 100대 규모로, 오프라인 매장에서 구매할 수 없고, BMW 코리아가 지정한 날짜와 시간에 온라인숍을 통해서만 구매가 가능했다. BMW 한정판 모델 판매 계획에 대한 기사 및 온라인 공지가 게재되면 해당 모델을 구매하려는 소비자들 간에 치열한 경쟁이 펼쳐진다. 한정판 모델은 종류와 상황에 따라 다르지만, 당일 완판되는 것은 기본이며, 인기를 끌었던 'M340i BMW코리아 25주년 페리도트 그린 에디션'의 경우에는 구매 희망자가 몰리면서 BMW 온라인숍 홈페이지 서버가 마비되는 상황이 벌어지기도 했다. 또한 BMW코리아는 한정판 모델에 기본 모델 대비 다양한 혜택을 제공하면서도 차량 가격 상승 폭을 최소화해 판매하는 전략을 펼쳤다. 한정판 모델에는 일반 모델에서는 선택할 수 없는 색다른 컬러의 적용, 인테리어 소재의 고급화, 고성능 브레이크 시스템 등 각각의 한정판 모델 성향에 맞춰 차량을 특별하게 구성했다. 이는 '희소성'과 '가성비'를 모두 만족시킨 것으로, 실제로 한정판 모델들은 향후 차량을 중고차로 매각하더라도, 일반적인 모델 대비 매입 가격이 높게 책정되며, 구매를 원하는 수요가 꾸준해 신속하게 처분하기도 쉽다. BMW의 한정판 전략은 남과 다른 차를 사면서 기쁘고, 기본 모델보다 성능이 뛰어나 탈 때도 즐겁고, 되팔 때도 금전적인 손해가 적다는 점에서 소비자들을 열광케 하였다.

단지 한정판이라는 이유만으로 소비자들이 열광하는 것은 아니다. 한정판이라는 가치가 느껴지는 특별한 가치와 매력을 줄 때, 한정판은 의미가 있다. 리미티드 에디션이 아닌 스페셜 에디션 그 자체로서의 특별한 매력에도 소비자들은 열광한다. 유명 화가들의 그림이 소더비 경매에서 수백억 원을 호가하며 팔리는 이유는 단 1점밖에 없기 때문이기도 하지만, 시대를 앞서가는 예술적 값어치가 있기 때문이다. 곽금주 서울대 심리학과 교수는 "소비자가 한정판에 열광하는 건 희소가치와 함께 한정된 제품을 소유했다는 심리 때문"이라면서 "하지만 제품 차별화 없는 한정판은 소비자의 심리를 악용하는 것에 불과하다."고 꼬집었다.

예를 들어, 롯데리아는 펩시와 협업해 캠핑용품 '폴딩박스'를 내놨지만, 같은 날 출시한 던킨의 '폴딩박스'와는 상반된 소비자의 반응을 얻었다. 롯데리아가 기획한 펩시 피크닉 폴딩박스는 가로 34cm, 세로 25cm, 높이 13cm 규격의 피크닉 박스로 스티커와 휴대용 가방이 제공되었는데, 이러한 휴대성을 높이기 위한 '작은 사이즈' 때문에 온라인 커뮤니티에서 소비자들은 "펩시가 붙어 있는 이유가 펩시 캔콜라 담을 만한 크기여서 그런 것?", "세 살 아들 테이블로 써야 할 정도로 작다.", "이번 굿즈 아이템 중 가장 실패한 상품이다." 등의 반응을 보였다. 반면, 같은 날 북유럽 아웃도어 브랜드 '노르디스크(Nordisk)'와 협업해 폴딩박스를 출시한 던킨은 호조를 보였다. 던킨 폴딩박스는 오픈 당일 대부분 매장에서 현장 판매 시작과 동시에 품절됐으며, 매장 오픈 이전 새벽 시간부터 매장 앞에 줄을 서서 기다릴 정도로 인기였다.

특별함은 '진정성'으로부터

2014년 1월, 모나미는 153볼펜 출시 50주년을 기념하기 위해 한정판 제품인 '모나미 153 리미티드'를 1만 자루 한정으로 출시했다. 한정판으로 내놓은 153 리미티드 에디션은 모나미를 상징하는 육각 모양의 국민 볼펜 153의 디자인을 따랐지만 고급 메탈 바디와 고급 금속 리필심을 적용해 사양을 높인 제품이었다. 이 리미티드 제품은 기존 153볼펜에 비해 무려 100배나 높은 가격이었지만, 출시하자마자 품절됐고 판매처는 접속자 폭주로 일시적인 접속불가 상태가 되기도 했다. '모나미 153 리미티드'는 모나미의 디자인 아이덴티티를 유지하면서도 가성비와 프리미엄이라는 상반된 가치를 동시에 만족시키는 제품이라는 평을 받았다.

롯데칠성음료는 70주년을 맞아 칠성사이다의 맛을 향기로 표현해낸 스페셜 향수 '오 드 칠성(Eau De Chilsung)'을 한정판으로 선보여 30시간 만에 완판했다. 칠성사이다를 가장 강렬하게 떠올리게 하는 것은 '향기'라는 생각에서 출발한 오 드 칠성은 뿌리고 맡는 순간 칠성사이다가 강하게 느껴지는 것이 특징이다. 오리지널 칠성사이다 병의 느낌을 살린 디자인과 병뚜껑을 땄을 때의 '퐁' 하는 느낌도 함께 살렸다. 골드 에디션은 칠성사이다의 시그니처인 레몬라임향을 풍부하게 담아냈고, 실버 에디션은 산뜻하고 맑은 스파클링의 느낌을 표현해냈다. 칠성사이다 고유의 향과 디자인, 손맛까지 잡은 오 드 칠성은 뜨거운 인기 속에 완판됐다.

한정판 마케팅은 소비자들이 브랜드 아이덴티티와 가치를 특별하다고 느낄 때만 효과를 발휘한다. 오랜 역사가 있는 브랜드들은 자신의 역사와 제품과 긴밀하게 관련된 요소들을 찾아, 소비자들의 일상에 전통과 신선한 스토리들을 더하는 '진정성'과 특정한 시기 동안 한정적으로 판매하는 '특별함'을 담음으로써 오래된 이미지의 브랜드를 새롭게 다지는 데 기여하고 있다.

왜 스타벅스 한정판 굿즈에 열광하는가?

앞서 설명한 한정판 마케팅 전략을 스타벅스를 사례로 설명해 보자.

경험

"미션음료 3잔 포함, 총 17잔의 음료를 구매하시면 굿즈를 증정해드립니다(선착순 한정 수량)."

스타벅스의 프리퀀시 이벤트는 게이미피케이션(gamification)을 잘 활용한 마케팅이다. 음료를 마실 때마다 점수(프리퀀시)가 쌓이고, 정해진 개수만큼 쌓이면 리워즈를 받는 형식이기 때문이다. 스타벅스는 특정 시기 정기적으로 프리퀀시 이벤트를 진행하는데, 이는 사람들의 기대감을 자극한다. 또한 이는 브랜드에 대한 기대감으로도 치환된다. 서용구 숙명여대 경영학부 교수는 "게임을 통해 점수를 쌓고 보상을 받는 것에 익숙한 세대를 대상으로 지금이 아니면 구할 수 없는 것이라는 한정 효과를 부여해 참여 욕구를 더 불러일으키는 것"이라고 설명했다.

차별성: 소장욕구 불러일으키는 디자인

스타벅스의 카테고리 MD 팀장에 따르면, 스타벅스 MD 상품의 인기 비결은 단연 '디자인'이다. 연평균 출시되는 400여 종 상품 중 약 80%인 320여 종을 스타벅스 커피 코리아가 직접 디자인하고 있으며, 국내에서 디자인한 MD 상품은 대부분 프로모션 기간인 한 달 이내에 소진된다. 한국 고객들은 아기자기하고 귀여우면서도 고급스러운 제품을 추구하기 때문에, 스타벅스는 고유의 정체성을 잃지 않으면서 각 시기에 맞는 분위기를 더한 디자인으로 고객의 눈높이를 맞추고 있다.

MD팀은 트렌드에 민감한 국내 고객들의 취향을 맞추기 위해 트렌드 수집을 위해 국내외 출장을 다니고, 프로모션이 끝날

때마다 고객을 대상으로 설문조사를 진행하고, 파트너로 패널단을 꾸려 의견을 수렴하는 등 고객이 원하는 굿즈 디자인을 위해 다양한 노력을 하고 있다.

진정성: '스타벅스'이기 때문에

고객이 원한다고 해서 모든 제품을 만드는 것은 아니다. 스타벅스의 정체성을 드러내지 않거나 스타벅스 기준에서 100% 파악할 수 없는 상품은 만들지 않는다. 예를 들어 커피와 상관없는 기술이 더 들어가야 하는 전자제품은 그 품질을 스타벅스 자체적으로 보장하기 어려워 생산하지 않는 것이다.

또한 이은희 인하대 소비자학과 교수는 "스타벅스는 국내 다른 프랜차이즈 카페와는 다른 고유의 브랜드 정체성을 지니고 있다."면서 "소비자도 이를 활용해 매 시즌 제품을 모으고 소장하는 것만으로도 브랜드와 자신을 연결할 수 있다."고 설명했다.

브랜드 그 차제가 '리미티드 에디션': 슈프림

2016년 미국의 한 스트리트 패션 브랜드 슈프림(Supreme)에서 F/W 제품으로 벽돌을 내놨다. 1개 가격은 30달러(3만 5,000원)였다. 미국에서 집 지을 때 쓰는 '보통 벽돌'과 똑같았지만 값은

60배 이상 비쌌다. 그런데도 출시 몇 초 만에 품절됐다. 3년여가 지난 지금 이 벽돌은 더 비싸졌다. 이베이(ebay)에서 200달러(24만 원), 비싸게는 2,500달러(300만 원)에 거래 중이다.

슈프림의 비즈니스 모델은 간단한 경제이론으로 정리할 수 있다. 슈프림에 대한 수요가 많아질수록 슈프림의 가치가 더욱더 올라가지만, 슈프림의 공급은 한 번도 수요 이상으로 확대된 적이 없다. 슈프림은 어떠한 제품이든 재고를 채워놓지 않는다. 즉 슈프림이 내놓은 신상품은 한 번 놓치는 순간 그게 마지막인 것이다. 시즌별 제품을 한 번에 대량 발매하는 일반 브랜드와는 달리, 슈프림은 더 생산할 수 있음에도 늘 400개가량의 제한된 수만큼만 만들어 판매한다. 특히 '드롭데이(Drop Day)'라 불리는 신상품을 발매하는 매주 목요일에는 제품을 조금씩 분배해서 한정된 수량만큼만 판매한다. 심지어 품절이 돼도 재출시하지 않는다. 소비자가 큰돈을 지불해서라도 구매할 의향이 있다고 하더라도 소량만 판매하는 슈프림의 판매 방식은 돈이 있어도 쉽게 구할 수 없다는 '희소성'을 강조한다. 인기가 많은 제품은 더 많이 만들어서 매출을 올리려는 다른 브랜드와는 상반되는 방식이다. 이는 슈프림이 매출 상승보다 브랜드 가치를 높이는 것에 관심 있다는 것을 알 수 있는 대목이다. 이러한 '한정판 마케팅' 전략은 자연스레 브랜드와 제품의 가치를 상승시키는 착시 효과를 일으킨다. 이 때문에 매주 목요일 뉴욕 맨해튼 라파예트 거리의 슈프림 매장 앞에는 수많은 인파가 줄을 서는 진풍경이 벌어지고 있다.

슈프림은 톰브라운, 노스페이스, 리바이스, 리모와, 에르메스, 루이비통 등 수많은 브랜드와 아티스트들과 협업을 진행했다. 슈프림이 자사의 젊은 이미지를 필요로 하는 많은 브랜드들과 협업을 하기는 했지만, 그렇다고 아무 기준 없이 컬래버에 참여하지는 않는다. 컬래버를 진행하기 전에 상대 브랜드가 슈프림과 잘 섞일 수 있을지 적합성을 판단하는 철저한 검증을 거친 후 협업을 진행한다. 또한 일반적으로 '스트리트 패션 제품'이라 하면 '질이 떨어진다'는 편견이 있는데 이런 인식을 깨기 위해 품질에 집착하고 있으며, 실제로도 슈프림 제품의 품질에 대한 시장 반응이 좋은 편이다. 슈프림이 제한을 두는 것은 제품 수량만이 아니다. 슈프림은 전 세계 4개국에 11개의 매장만 두고 있다. 매장을 확장하지 않고 제한적인 장소에서만 판매해 희소성을 극대화한다.

넷플릭스가 추구하는
'부족 사회'

넷플릭스는 대표적인 폐쇄형 OTT다. 넷플릭스라는 한정된 공간에서만 볼 수 있는 넷플릭스 콘텐츠에 많은 시청자들이 열광하고 있다. 한정판 비즈니스로도 볼 수 있는 넷플릭스 오리지널 콘텐츠 중에서 올해 영미권 제작사와 독점 계약하여 공개된 예능

'투 핫!', '더 서클', '연애 실험: 블라인드 러브'는 모두 흥행에 성공해 시즌 2와 시즌 3 제작도 계획됐다. 3편의 예능은 각기 다른 제작사가 만들었는데도 공통된 문법을 따른다.

①실험 ②일반인 ③진정성의 3가지 법칙은 넷플릭스가 '부족사회'를 어떻게 겨냥하고 있는지를 드러내준다.

① 실험

3편의 예능은 모두 '사회 실험'의 형식을 따른다. 일정한 제약 조건 속에서 참가자들의 행동 변화를 관찰하는 형식을 지니고 있다. '더 서클'은 소셜미디어 공간에서만 대인 관계를 맺는 실험이며, '블라인드 러브'는 외적 조건을 고려하지 않은 사랑이 지속 가능한지 확인하는 실험이다. 또한 '투 핫!'은 육체적 교감 없이 정서적 교감만으로 연애할 수 있는지 확인하는 실험으로 인간의 부족한 면과 진실된 본능을 함께 보여준다.

② 일반인

전 세계 동시 방영 프로그램인 만큼 출연진의 출신 배경이 다양하며, 외모(마른 체형과 통통한 체형), 인종(흑인과 백인), 성적 지향(이성애자, 동성애자, 양성애자)이 모두 다른 출연진들이 등장한다. 이들은 제작진이 직접 발굴한 인스타그램 인플루언서들이다. 이들의 '솔직함'은 글로벌 시청자가 반응하는 '공통어'였으며, 출연진의 팬은 나날이 늘고 있다. 경제적 효과도 막대한데, 출연진 프란

체스카의 경우 한 게시물당 2만 5,180달러(약 3,083만 원)의 광고비를 받는다고 한다.

③ 진정성

실험을 통해 출연자들은 대인관계에서 '진정성'의 소중함을 느낀다. '블라인드 러브'를 기획한 크리스 코엘렌 키네틱 콘텐츠 최고경영자는 "사는 곳, 외모, 나이, 배경, 계층, 사회구조에 관계없이 우리는 모두 내면, 즉 '있는 그대로의 나'의 모습으로 사랑받고 싶어 한다."면서 "이는 전 세계 모든 사람이 공유하는 감정"이라고 밝혔다. 실제로 SNS를 활용하여 블라인드 러브를 패러디한 실험에 동참하는 이들이 생길 정도다.

비가 와도 좋아, 눈이 와도 좋아:
일상의 부족함을 채워주는 기다림

2016년 7월 강남역에 처음 문을 연 미국 수제버거 전문점 쉐이크쉑에 수많은 인파가 몰렸다. 이들에게는 물론 한국에서 처음으로 생긴 쉐이크쉑 햄버거를 먹어보고 싶은 목적도 있었겠지만, 그보다는 남보다 먼저 먹어보고 싶은 욕망, 먹고 나서 사진을 찍어 SNS에 인증샷을 올려 자랑하고 싶은 욕망, 보다 근본적으로는 이 브랜드가 뭔지 알고 그걸 경험까지 할 정도로 앞선 사람인

것을 과시하고 싶은 욕망이 있었기 때문에 몇 시간 동안의 기다림을 참고 견딜 수 있었던 것이다.

트렌드 분석가인 김용섭 날카로운 상상력 연구소장은 "SNS 시대엔 줄 서기 자체가 문화 콘텐츠"라며 "젊은 사람들의 보편적인 욕망이 투영되는 물건이나 장소에 줄을 서는 건 일종의 놀이이자 자랑거리"라고 해석했다. 김홍기 패션 큐레이터는 줄 서기를 일종의 신호(signal)로 해석하는데, 같은 줄을 선 사람에게는 같은 취향을 가졌다는 신호를, 줄 밖의 사람들에게는 나는 이런 선호와 취향을 가진 사람이라는 신호를 준다는 것이다. 김 큐레이터는 "맛집 앞에 줄을 서는 것과 패션 매장 앞에서 줄을 서는 것은 큰 맥락에서 비슷하다."고 말했다. 삼계탕 집 앞에서 줄을 서든, 루이비통 매장 앞에서 줄을 서든, 같은 줄에 선 사람들은 모두 타인이지만 같은 신호 즉, '당신의 취향이 곧 나의 취향'임을 암묵적으로 말하고 있는 것이다. 이렇게 줄은 때로 취향 공동체가 되며, 그들만의 놀이가 된다.

기다림은 갈망을 극대화한다. 기다려서라도 먹고야 말겠다는 의지, 사고야 말겠다는 집념은 누구에겐 시간낭비처럼 보일 수 있으나 정작 당사자들에게는 지루한 일상에 활력을 주는 행위다. 맛집 앞 긴 줄 행렬, 한정판을 사기 위한 밤샘 행렬은 쉽고 값싸게 얻을 수 있는 행복 말고 다른 무언가를 원한다는 걸 말해준다. 밀레니얼은 소비 자체보다 '경험'에 더 가치를 두는 세대다.

같은 건 싫어!
'나만의 것' 추구

사람은 누구나 다른 사람과 구별되는 자신만의 독특성을 표출하려는 욕구를 가지고 있다. 인간의 자기 정체성은 타인과 자신을 동일시하는 것에서부터 시작하여 점차 동일시에서 벗어나 타인과는 다른 자신의 고유한 특성을 인식함으로써 확립되는데, 밀레니얼은 다른 세대보다 더 강하게 '독특해지고 싶어 하는 욕구'를 바탕으로 자신만의 특별한 정체성을 드러내고 싶어 한다.

밀레니얼의 독특성 추구는 자존감을 향상시키는 방법이다. 맥켄지(Mckenzie)에 따르면 사람은 자신과 타인 간에 적절한 수준의 유사성을 인지하면 편안함을 느끼지만, 너무 닮거나 다르다고 지각하는 경우에는 불편함을 느끼게 되는데, 이러한 불편함은 독특성 욕구를 활성화시킨다. 결국 이러한 동기로 야기된 자기 구별적인(self-distinguishing) 행위를 통해 스스로 자존감을 향상시키고 부정적인 감정을 감소시키는 것이다.

김현호 CJ E&M 오쇼핑 부문 MD 는 "최근 트렌드를 보면 아무리 디자인이 예쁘더라도 너도나도 가지고 있을 만한 제품은 젊은 소비자에게 외면 당했고, 못생겼을지라도 '다른 사람은 안 신을 것 같은' 개성 있는 제품이 주목받았다."고 설명했다. 그는 이어 "골든구스 신발의 경우 투박하고 더러운 모양 탓에 대중이 잘

안 신으면서 희소성이 생겨 주목받았지만, 최근에 유행을 타면서 많은 사람들이 골든구스 운동화를 신자 열풍이 조금은 잠잠해진 상황"이라고 말했다. 이 정도로 MZ세대들은 나만의 것을 추구하는 욕구가 어느 세대보다 강하다.

아직도 펀드 하고 부동산 하니?
우리는 리셀 한다!

MZ세대에게 리셀(resell) 시장이 각광받고 있다. '리셀'은 새 상품에 가까운 중고 한정판 상품을 비싸게 되파는 행위로, 시간이 지날수록 값이 떨어지는 일반 중고거래와 달리, 되팔 때 오히려 시세차익을 남길 수 있다.

지난 2019년 10월 발매된 '나이키 에어조던 6 트래비스 스콧' 제품의 소비자가는 30만 9,000원이었지만, 현재 이 운동화의 중고 가격은 140~180만 원이다. 가수 지드래곤이 만든 브랜드 '피스마이너스원'과 나이키가 컬래버해 만든 스니커즈 '나이키 에어포스 1 파라-노이즈'는 더 비싸게 팔린다. 지드래곤의 생일인 8월 18일을 상징하는 의미로 '빨간색' 나이키 로고가 붙은 신발을 818컬레만 생산했는데, 우리나라에서만 한정 발매된 이 신발은 발매가가 21만 9,000원이었지만 리셀 가격은 300~500만 원 대다. 이렇게 희소성 있는 신발을 구한 뒤 되팔아 수익을 올리는 것을 일컫는 말로 '스니커테크'라는 신조어도 생겼다.

　대표적인 리셀 상품 분야는 스니커즈(패션 운동화), 명품, 공연 및 스포츠 티켓 등으로, 열성 지지층이 형성돼 있고 한정판 상품이 자주 나오는 시장이다. 미국 중고의류 업체 스레드업에 따르면 올해 세계 리셀 시장 규모는 약 48조 원이라고 한다. 기존 리셀 시장은 커뮤니티, 카페 중심의 개인 간 거래가 대부분이어서, 정품인지 하자가 있는 물건인지 불분명했고 사기 우려도 많았다. 이에 리셀 전문 플랫폼을 표방한 업체들이 '검증'과 '안전거래'를 앞세워 시장을 선점하고 있다. 네이버 자회사 스노우는 3월 한정판 스니커즈 거래 플랫폼 '크림'을 출시했다. 크림은 실시간 시세 그래프를 제공하고 전문 검수팀의 정품 인증을 거치는 것이 특징이다.

　리셀 시장이 주목받는 이유는 단순하다. 대부분 희소성 있는 제품에 대한 구매욕에서 시작한다. 남들이 갖지 못한 희소성 있는 제품을 사고파는 것인데, 시간이 흘러 제품에 대한 위상이 높아져 희소성이 더 커졌을 때 수요자에게 원가보다 더 높은 가격에 되팔아 이익을 취한다. 이것이 한정판 제품을 구하기 위해 밤낮으로 줄을 서는 이유다.

　리셀은 중고거래와는 다르다. 리셀 시장에선 표면적으로 중고 제품을 되파는 것이지만 그 중심엔 희소성 있는, 남들이 갖고 있지 않은 제품을 사고파는 것이라는 의미가 들어 있다. 이렇다 보니 과거 고가 브랜드 위주로 형성됐던 리셀 시장이 스니커즈, 빈티지 가구, 아트토이 등으로 품목이 다변화되고 있다.

직장인 L씨는 지난해 프랑스 백화점에서 구하지 못한 한정판 명품 가방을 구매했다. 원가보다 60만 원가량 더 주고 구매했지만, 구하지 못했던 제품을 갖게 됐다는 것에 의미를 뒀다. L씨는 "프랑스에서 사려던 제품을 리셀 사이트에서 구매했다."면서 "한정 제품이어서 나중에 웃돈을 붙여 되팔 수 있어 고민하지 않고 구입했다."고 말했다. 대학생 U씨는 최근 샤넬 지갑을 사려고 '오픈런(백화점 문이 열자마자 달려가 줄을 서는 것)'을 했다. 샤넬이 가격을 인상한다는 소식에 백화점 샤넬 매장에 직접 방문한 것이다. U씨는 "구하기 어려운 제품이라 나중에 리셀숍에서 비싸게 팔 계획"이라고 했다. 그는 이어 "구하기 힘든 제품일수록 수요가 높아 가격도 비싼 편"이라며 "가격이 비싸도 남들이 갖지 않은 제품을 손에 쥐었다는 것에 만족한다."고 덧붙였다.

이게 진짜 재테크가 된다고?
샤테크, 슈테크, 롤테크

한정판 명품 마케팅을 등에 업고 온라인 리셀 시장이 폭풍 성장하자, 이를 활용해 '재테크'에 나서는 이들도 늘고 있다. 소장 가치가 있는 한정판이나 브랜드 고유 정체성이 드러나는 대표 디자인 명품은 시간이 지나도 가치가 오르며 쏠쏠한 시세 차익을 남긴다. 이 때문에 샤넬 가방을 되팔아 재테크를 한다는 뜻의 '샤테크', 운동화로 수익을 내는 '슈테크', 롤렉스 시계로 돈을 버는 '롤테크'란 말이 나오고 있다.

샤넬은 올해 5월 14일 가격을 최대 26% 인상했다. 가장 대표적인 상품인 '샤넬 클래식백' 스몰 사이즈는 632만 원에서 769만 원(21.7%)으로, 미디엄은 715만 원에서 846만 원(18.3%)으로, 라지는 792만 원에서 923만 원(16.5%)으로 올랐다. 그러자 리셀러들이 가격 인상 직전 구입한 제품을 중고시장에 내놓기 시작했다. 리셀러들은 대개 상품권 유통상에서 백화점 상품권을 2.8~3% 정도 싸게 구매한 후, 이 상품권으로 명품을 구입한다. 이렇게 하면 715만 원짜리 클래식 미디엄을 693만 5,500원에 구입할 수 있고, 이를 며칠 뒤 중고 사이트에서 820만 원에 되팔면 이득이 126만 4,500원, 수익률은 18.2%에 이른다.

고급 시계 브랜드 롤렉스 매장에서도 비슷한 일이 벌어지고 있다. 일부 시계 애호가는 백화점 매장에서 구입에 성공한 제품을 '성골', 병행 수입품이나 중고 거래로 구입한 제품을 '진골'이라고 부른다. 인기 제품은 시중에 판매되는 신제품이 없다 보니 리셀러에게 구입해야 하는 경우가 대부분이다. 프리미엄이 가장 높게 붙은 모델로 꼽히는 '롤렉스 오이스터 퍼페츄얼 데이토나 스틸' 시계는 매장 판매가가 1,599만 원인데, 리셀 가격이 2배에 가까운 2,950만~2,970만 원에 달한다. 백화점 상품권을 이용해 1,551만 원에 구입했다면, 차익이 최대 1,419만 원으로 수익률이 91.5%다.

'완벽하지 않아도 충분해': 진정성의 가치

오프라인에서는 오랜 시간을 두고 관계를 지속해가는 동안 서로를 충분히 이해하고 파악할 수 있지만, 온라인에서는 낯선 이들과 일시적이고 부분적인 관계를 맺어야 하는 만큼 진정성을 실현하고 진정성을 인정받기가 쉽지 않다. 하지만 시간이 지날수록 온라인 세계야말로 진짜만이 살아남는 공간이자 진정성의 가치가 힘을 발휘할 수 있는 영역임이 확인되고 있다.

린다G의 솔직함과
이효리의 진정성

이효리는 자신의 부족한 면을 인정하고 그것을 당당히 말할 줄 안다. 가수임에도 부족한 가창력, 핑클 시절 도전했다가 온갖 구설수에 오른 연기력을 어쩌면 숨기고 싶을 수도 있겠지만, 그녀는 애써 숨기지 않고 오히려 자신의 부족한 면을 당당히 인정했다. "연기는 포기했다."는 말을 거침없이 하고, "노래는 부족하지만 기계의 도움을 빌려보자."는 말까지 서슴지 않는 모습을 통해 대중들은 그녀를 친숙하게 느끼고, 진정성 있는 연예인으로 바라보며 그녀의 솔직함을 사랑하게 된다.

또한 이효리는 소녀시대 윤아와 함께 노래방에 간 것을 라이브 방송으로 공개했다가 일부 네티즌들에게 시국에 맞지 않는 행동이라는 비판을 받았다. 비판 댓글을 발견하고는 곧바로 라이브 방송을 종료하고 노래방을 퇴실했으며 이후에 공식 사과문을 올리기도 했지만, 네티즌은 비난을 멈추지 않았다. 하지만 MBC 예능 프로그램 '놀면 뭐하니'에서 이효리는 눈물을 보이며 진정성 있게 반성하는 모습을 보여주었고, 이에 이효리를 감싸며 응원하는 네티즌들의 댓글이 이어지며 그녀의 진정성에 공감하였다.

차라리 홈쇼핑에 나오지 그랬어?
유튜브 뒷광고 논란

최근 인기 유튜버들의 '사과 영상'이 끊이지 않고 있다. 양팡은 2020년 8월 8일 자신의 유튜브 채널에 '죄송합니다'라는 제목의 영상을 올렸다. 그는 "진심으로 죄송하다. 저를 사랑해주시고 시청해주신 모든 분들께 깊은 사죄의 말씀을 드린다."고 밝혔다. 양팡은 "광고 영상임에도 아프리카TV 라이브 도중 광고에 대해 정확히 사전 고지를 하지 않았다."며 유료 광고 누락을 재차 사과했다.

8월 9일에는 보겸이 유튜브를 통해 "제가 광고라고 표시하지 않은 광고 영상이 있다."며 뒷광고 의혹을 시인하고 사과했다. 그는 "시청자분들의 사랑에 보답하는 방법은 재미있는 영상을 올리는 것이라고 생각했다. 하지만 광고가 포함이 되고, 몰입도가 떨어질까 봐 광고 고지에 대해서 소홀했다. 진심으로 죄송하다."고 말했다.

유명 유튜버 도티가 대표를 맡고 있는 디지털 엔터테인먼트 업체 샌드박스네트워크도 최근 논란이 되고 있는 유튜버들의 '뒷광고'에 대해 사과했다. 샌드박스는 소속 유튜버들이 제작한 유료 광고 영상을 전수 조사하는 과정에서 일부 영상에 유료 광고 관련 표기 문구가 누락된 사실을 확인했다고 전했다. 이에 대해 샌드박스는 "명백히 샌드박스의 관리 소홀로 발생한 문제"라며 "이런 불찰로 올바른 정보가 시청자들에게 전달되지 못했고 시청자에게 큰 불쾌감과 실망감을 안겨드려 진심으로 죄송하다."며 사과했다.

최근 수면 위로 드러난 유튜버들의 '뒷광고' 논란은 가수 강민경과 스타일리스트 한혜연이 불씨를 당겼다.

지난 7월 디스패치는 강민경과 한혜연, 김나영, 제시카 등 일부 연예인이 '내돈내산(내 돈 주고 내가 산)'이라고 강조하는 영상이 사실, 업체에서 협찬과 돈을 받은 것이며 일상 생활을 담은 영상이라지만 특정 물품에 카메라 줌이 들어가고, 이 대가로 수천만 원의 돈을 받는다고 지적했다. 이에 해당 연예인들은 각각 해명과 사과를 했지만 네티즌들은 "남이 준 돈으로 내가 산 척했다."는 지적과 함께, 팬들과 소통하고 싶다더니 돈벌이 수단으로 생각했다고 분노하며 구독 취소를 하고 있다.

　　이 와중에도 한예슬과 신세경은 일체의 PPL 없이 자신들의 일상을 공유하며 팬들과의 소통 창구로만 유튜브를 사용하고 있는 것으로 알려졌다. 팬들은 두 배우의 유튜브 영상에 "광고가 나쁜 건 아니지만 몇몇 분들은 몇천만 원에 광고성 콘텐츠만 올려 실망했었는데, 두 분은 팬들과 진짜 소통하고 싶어 한다는 느낌이 들어 더 팬이 됐어요.", "팬들과 소통하고 싶어서 시작했다는 그 진심을 확인할 수 있었네요. 오래 보고 싶어요." 등의 칭찬 댓글을 올렸다.

온라인 시대,
진정성의 가치

2020년 6월 BJ 송대익이 '피자나라 치킨공주에서 주문한 음식을 배달원이 빼돌렸다.'는 내용의 영상을 올렸으나 조작한 것으로 밝혀졌다. 송대익은 저격을 받고 논란이 커진 직후에 영상을 삭제 처리하고 계속 비판 댓글을 삭제하거나 댓글을 비활성화하는 등의 대응만 하다가, 해당 업체의 법적 대응 선언과 네티즌의 비난으로 사과 영상을 게재했다. 하지만 사과 영상에 반성문을 쓰는 장면이 포함되어 있었는데, 사과 영상의 댓글에 "반성문을 이라크어로 쓰시다니 생각보다 머리가 좋으시네요."라는 내용이 있었고, 이에 네티즌들은 송대익이 사과문을 쓰는 척했다는 의혹을 제기했다. 7월 31일 기준, 이 영상의 좋아요 개수는 1만 9,000개인 반면, 싫어요는 22만 개다. 이 사건으로 135만 명이었던 구독자 수는 8월 9일 기준 100만 명으로 줄어들었다.

최재붕 성균관대 교수는 "뭔가 잘 보이려는 방식으로 문화 콘텐츠를 마케팅해선 안 된다. 포노 사피엔스 세대는 소통의 진정성을 무엇보다 중요하게 생각한다. 자신이 선택하고 팬덤을 형성하며 좋아해온 스타와 콘텐츠 뒤에 거짓이 있었다는 사실을 알게 되면 뒤돌아보지 않고 버린다."며 진정성의 중요성을 강조했다.

[실속도 챙기고 플렉스 할 수 있는 리세일 플랫폼]

★ 럭셔리 리세일 플랫폼

- **아워스**: 스타일쉐어가 론칭. 사연 있는 명품 상품을 새 상품 대비 최대 90% 가격대로 제공한다. '합리적인 럭셔리'를 추구하는 중고 명품 플랫폼. 위탁 판매, 온라인 업로드 후 두 달 동안 판매 가능하다.
- **쿠돈**: 구찌, 루이비통, 에르메스 포함 151개 명품 브랜드 취급한다. '안전하고 간편한 중고 명품 플랫폼'을 모토로 구매자의 안전성과 판매자의 편리성을 보장한다. 오후 2시 주문 시 당일 출고한다.
- **에쎄모**: 명품 중고 가방 소비를 통한 '지속 가능 패션' 지향한다. 대표가 직접 해외서 핸드픽하여, 매주 일요일 저녁 9시 인스타그램 '드롭'으로 10점 내외 업로드한다.
- **구구스/고이비토/필웨이 등 3대 명품 중계 업체**: 명품 가방, 시계, 구두, 주얼리류 및 특정 브랜드 컬렉션 취급한다. 오프라인 매장 중심의 현금 매입과 위탁 판매 병행한다.

★ 패션·라이프스타일 리세일 플랫폼

- **당근마켓**: 내가 사는 동네에서 주민과 직거래 가능하다. 택배 배송을 하지 않고 물건을 직접 사고 팔 수 있어 안전성이 보장된다. 물건을 판매하는 사람과 물건의 상태를 자체 프로그램을 통해 평가할 수 있다.
- **중고나라**: 전체 이용자가 물건을 판매할 수 있는 '참여형 플랫폼'이다. '셀

러' 개념을 도입하였다. 우리 동네 거래, 중고차 거래 플랫폼, 파트너 센
터 등 세분화되어 있다.
- **번개장터**: 모바일 특화 중고 거래 서비스 번개장터와 중고 컨시어지 서비
  스 셀잇으로 구분된다. 채팅 기능 '번개톡', 안심간편결제 서비스 '번개
  페이', 안전송금 서비스 '번개송금' 등 편의 기능이 많다.
- **헬로마켓**: 개인 간 중고 거래 플랫폼으로 다양한 카테고리가 있다. 택배
  비 할인 쿠폰 등 쿠폰 이벤트가 활발하다.
- **마켓인유**: 월 4회 정기적으로 중고 의류를 매입하는 시간대를 구성하여
  사회적 기업이나 세컨드 핸드 의류를 구입하거나 판매한다.

★ 스니커즈 전용 리세일 플랫폼
- **XXBLUE**: 서울옥션 블루가 론칭한 스니커즈 리셀러 플랫폼이다.
  20~30대가 주 이용자로 간단한 거래 방식과 체계화된 시스템, 가품 검
  증 서비스 등이 장점이다. 스니커즈의 2차 시장을 데이터화하고 제품
  가격을 주식 시세 변동과 같이 실시간 업데이트해 주는 서비스도 제공
  하며 서비스 전략을 차별화 한다.
- **크림**: 네이버의 스노우가 론칭한 플랫폼이다. 희소가치가 높은 스니커즈
  품목을 거래할 수 있는 곳으로 목표를 잡으며, '가품 우려 없는 안전 거
  래' 플랫폼을 지향한다.
- **솔드아웃**: 무신사가 론칭한 한정판 스니커즈 리셀 플랫폼이다. 역시 쉽고
  안전하게 한정판 신발을 거래할 수 있는 플랫폼을 목표로 하고 있다. 거
  래 중개뿐 아니라 스니커즈를 기반으로 한 다양한 오리지널 콘텐트를
  유통해 "스니커즈를 좋아하는 이들이 반드시 들러야 할 플랫폼으로 만
  들 것"이라며 기존 거래 중개 앱과 차별화를 목표로 한다.

3.
관계를 삽니다, 관계를 팝니다: 밋코노미

인간은 공동체를 이루며 살아가는 사회적 존재다. 태어남과 동시에 타인을 만나고 항상 무언가와 관계를 맺으며 살아간다. 아무리 현대사회가 단절되고 파편화되었다 할지라도 '혼자 있고 싶지만 혼자이기는 싫은' 사람들은 어떤 형태로든 연결되기를 원한다. 밀레니얼은 타의에 의해 연결을 유지해야만 하는 전체주의적인 전통적 관계에서 벗어나, 나 자신으로서 맺을 수 있는 관계 즉, 자의로 맺을 수 있는 관계를 적극적으로 추구하기 시작했다. 새로운 관계 속에서 온전한 개인으로 서로를 마주보며, 좋아하는 것을 함께 누리고 서로 다른 부분은 존중하며, 각자의 영역에서 자신이 원하는 속도와 강도로 느슨한 끈을 잡아당긴다.

밀레니얼은 관계를 형성하되 나를 잃고 싶지는 않고 외로움은 싫지만 과도한 간섭은 더 피하고 싶어 한다. '관계'는 그 자체로서 희소한 가치를 지니며, '관계'가 새로운 비즈니스를 창출하기도 한다. 기업들은 이 관계의 결핍과 필연성에 주목하기 시작했다. 느슨하게 연결되어 내가 '나'일 수 있는 만남, 하지만 좋아하는 것을 '함께' 누리고 '공통'의 가치를 추구할 수 있는 만남을 제공하여, 전통적 관계로부터 오는 피로감을 해소하고 새로운 관계로부터 생성되는 새로운 가치를 찾아내고 있는 것이다.

이러한 현상을 바탕으로 이번 장에서 이야기할 트렌드 키워드는 '밋코노미(Meet-economy)'다. '관계'가 희소한 가치가 됨으로써 이제는 제품이 아닌, 관계를 '사고팔아야 하는' 시대가 되었다. 나를 발견하는 만남, 나와 비슷한 취향을 가진 사람들과의 만남을 어떻게 사고 파는지 알아보고, 기업들이 브랜드의 경제적 가치를 만들어 주는 '만남'을 어떻게 만드는지도 알아보자.

관계를 삽니다:
우리는 '취향'만 공유하는 사이

MZ세대는 누구보다 '나'를 중요하게 여기는 세대다. 이들이 맺는 관계는 보다 개인적이다. 가족과 직장 등 개인의 영역을 침범하고 자유를 구속하는 전통적인 관계에 피로를 느끼며, SNS로 맺는 가벼운 관계를 선호한다. 타의에 의해 연결을 유지해야만 하는 전체주의적 관계에서 벗어나, 나 자신으로서 맺을 수 있는 관계를 찾아 나선 것이다.

'혼자 있고 싶지만 혼자이고 싶지 않은' 밀레니얼이 만든 새로운 관계는 다르다. 독서와 토론을 위해 모이든, 삶과 취향을 함께 나누든, 동네에서 밥친구나 술친구를 찾든, 함께 한강을 뛸 사람을 찾든, 혹은 주기적으로 모이든 1회성 모임을 하든, 핵심은 하나다. 끈끈한 친목 중심이 아니라, 개인과 개인이 수평적인 형태로 느슨하게, 그러나 연결된 상태라는 것이다. 상황에 따라 느슨한 끈을 조금 당길 수도, 더 느슨하게 풀 수도 있다. 모든 것은 자기 뜻에 달려 있다. 가볍지만 가볍지 않게 서로를 연결하는 새로운 방법으로 온오프라인에서 취향에 따른 모임을 진행한다. 친구와는 하지 못하는 오글거리는 얘기도 나와 같은 취향을 가진 모르는 사람과는 가능하다. 친하지만 취향은 다른, 친구보다 친하지 않아도 취향은 찰떡 같이 똑같은 사람들과의 교류는 일상을 더욱 풍요롭게 만들어준다.

'인맥이 곧 힘'이라는 말을 믿으며 인맥 관리에 전전긍긍하던 모습은 옛일이 됐다. 관계에 권태로움을 느끼며 불필요하고 소모적인 인간관계에 권태를 느끼는, 일명 '관태기'가 MZ세대에 만연해있다. 이들에게 인맥 관리란 그저 '힘 빠지는 일', '지치는 일'에 불과하다.

20대 전문 연구기관 대학내일 20대연구소가 대한민국 20대 남녀 643명을 대상으로 '관태기를 겪는 20대의 인간관계 인식 및 실태조사'를 한 결과, 20대 4명 중 1명은 새로운 인간관계를 만들어야 할 필요성을 느끼지 못하고 있는 것으로 나타났다. 이 시대의 20대들은 인맥의 유지 및 관리에 피로감과 회의감을 느끼며 새로운 관계를 맺는 데 부담스러워 하고 있다.

깊은 관계 대신 취향으로 가볍게 모이는 '살롱문화'가 밀레니얼의 새로운 트렌드로 떠오르고 있다. 약간의 의지만 있다면 외로움을 해소할 수 있으며, 불확실한 상황 속에서 스스로의 자아를 찾아가고 싶은 마음에 현대판 살롱문화가 빠르게 성장하고 있는 것이다.

세상을 더 지적으로,
사람들을 더 친하게

온라인 기반의 소셜 모임이 오프라인 모임으로 발전하며 새로운 살롱문화를 만들어냈다. 같은 취향으로 한데 묶인 이들이 관심 있는 주제를 기반으로 가벼운 관계를 형성하고 있는 것이다. 이들은 밀접하고 깊은 관계로 얽히는 것은 부담스러워 하지만, 완전히 소외되는 것은 꺼리며 '인스턴트식' 관계를 선호한다.

소속감에 묶이는 것을 싫어하는 밀레니얼은, 자신이 주도해 다른 이들을 모으지 않는다. 온라인 모임 플랫폼이 주최 및 유지까지 모든 것을 도맡아 해결해주기 때문이다. 타인보다는 개개인의 삶이 더 중요하고, 자신에게 심리적인 만족감을 선사하는 가심비가 소비의 기준이 된 밀레니얼에게 안성맞춤의 장소를 제공해주고 있다. 자신이 관심 있는 것을 선택하고 편한 시간대만 선택하면 가벼운 관계가 형성되고, 맞지 않는다면 빠르게 이별을 고하더라도 그 누구 하나 신경 쓰지 않는다. 쉽게 모인 만큼 떠나는 것도 자유롭다. 이것이 그들의 소통 방식이다.

독서모임 커뮤니티: 트레바리

퇴근 후 책 읽는 직장인들의 모임인 '트레바리'는 2015년 9월 첫 시즌을 시작한 이래 꾸준히 주목받고 있으며, 유료회원 5,600명, 전체 회원수는 3만 5,000여 명에 이른다. 트레바리는 4개월 단위 시즌제로 운영되는 독서모임으로, 한 달에 한 번 토론 장소인 '아지트'에 모여 책을 읽는다. '클럽'이라 불리는 각 독서 모임은 참가자가 관심 있어 하는 분야의 책으로 나뉘며, 보통 클럽당 참가자는 10~20명 선이다.

적지 않은 비용에도 불구하고 사람이 몰리는 이유는 역시 그만한 가치를 체감할 수 있기 때문이다. 트레바리는 김상헌 전 네이버 대표, 이정모 서울시립과학관장 등 각계를 대표하는 명사들이 클럽장으로 나서 독서모임에 참여한다. 윤수영 트레바리 대표는 "함께 책을 읽으면서 혼자서는 해보지 못했을 생각을 다양하게 나눌 수 있다는 게 큰 장점"이라고 한 인터뷰를 통하여 말했다. 실제 이용자들은 빠르게 읽고 가벼운 대화를 나누는 것이 아닌, 오랜 시간 책을 음미하고 즐기며 책을 좋아하는 이들과 깊은 대화를 나눌 수 있다는 점에 매력을 느꼈다고 했다.

사람을 만나 글을 쓰고 싶다면: 크리에이터 클럽

소셜 살롱을 지향하는 크리에이터 클럽도 있다. 각자의 직업과 나이에 구애받지 않고 2주에 한 번 만나 10여 명의 멤버가 글을 쓰고 대화를 나누는 것이 핵심 활동이다. 10개의 주제 중 하나를 선택하여 지원할 수 있으며, 자신의 팀 외에 다른 팀을 방문해 보는 기회도 제공하고 있다. 3개월 단위로 멤버십 활동이 이루어지며 월 7만 5,000원을 지불해야 하는데, 적지 않은 금액임에도 성황리에 운영되고 있다. 이처럼 크리에이터 클럽은 동기부여 및 자기 개발을 콘텐츠로 삼아, 사람들이 모여 본인의 생각을 공유할 수 있는 공간과 기회를 제공한다.

이왕이면 지적인 대화가 좋다: 최인아 책방

전 제일기획 부사장 출신 카피라이터 최인아 대표가 문을 연 '최인아 책방'에는 '북토크'가 열린다. 최 대표가 매달 신간 중 직접 한 권을 골라 멤버들에게 배송하면 그 책을 읽고 최인아 책방에 모여 저자나 출판사 관계자와 자유롭게 토론을 나누는 형태다. 멤버들과의 토론이나 저자와의 대화를 통해 한층 더 입체적이고 풍부한 독서가 가능하다.

함께 운동할까요?
러닝 크루

그룹운동 플랫폼: 버핏서울

'버핏서울'은 '운동을 재미있게 만들어주자'는 목표로 2017년 2월 시작해 현재 5,000여 명의 유료 회원이 모인 그룹운동 플랫폼이다. 버핏서울 회원의 재등록율은 60%대이며, 론칭 초기부터 지금까지 계속 버핏서울에서 운동하는 사람도 100명에 달한다.

　신청자들은 자신의 성별, 나이, 직업, 지역, 커리큘럼 등을 입력 및 선택하며, 이 정보를 바탕으로 조가 배정된다. '모여서 운동한다'는 점을 기본으로 하여 한 조당 16명(남자 8명, 여자 8명씩) 으로 성비를 맞추고, 운동을 원하는 지역과 운동의 목적 등에 맞춰 조가 구성되는 식이다. 여기에 조당 운동을 돕는 트레이너가 2명씩 배치된다. 주 1~2회가량 오프라인으로 모이며, 오프라인 운동이 없는 날에는 각자가 소화해야 할 운동량을 정해주고 그 이행 여부를 온라인으로 확인해주는 6주 코스가 기본이다.

그룹운동 플랫폼: 유콘, 에스아르시

　'유콘(UCON)'은 기부와 러닝을 결합한 팀이다. 서울과 대구에서 활동하는 260여 명의 회원은 달린 거리 1km당 400원씩 환산해 매월 기부한다. '에스아르시(SRC)'는 러닝을 통해 서울의 숨겨진 보물을 재발견한다는 취지의 팀이다. 이 팀이 개최하는 '앨리캣 레이스'는 러너가 서울 골목길 5개를 선정하고 달리는 순서를 설계해 제시하는 대회다. 에스아르시 운영자 유승우 씨는 최근 성수동 일대 러닝 코스가 가장 기억에 남았다고 했다. "성수동 연무장길을 따라 뛰었다. 신발 부자재 공장과 새로 생긴 카페가 공존하고 있는 길이라서 뛰는 내내 뉴욕 첼시 지역을 달리는 기분이 들었다."고 말했다.

관계를 팝니다:
함께하는 개인주의

어른이 되어도 동네친구는 필요해:
미래형 이웃 커뮤니티, '우트'

동네에서 삼삼오오 모이는 게더링, 나눔, 중고거래 등을 통해 미래형 이웃 커뮤니티를 표방하는 우트는 '함께하는 개인주의'를 추구한다. 혼자도 즐겁지만 원할 때는 함께 어울릴 수 있는 만남을 추구하며, 잘 통하는 이웃을 만났을 때는 '우트주기'를, 불쾌한 이웃을 만났을 때는 '얼음'을 하여 원하는 만남만 할 수 있는, 건강한 만남을 추구하는 커뮤니티다. 우트에서는 또래 이웃들이 동네에서 소소한 행복을 함께하고, 취미와 취향, 일상 이야기들을 다양하게 공유할 수 있다. 꼭 함께하지 않더라도 개인의 경험을 일기처럼 공유하고, 댓글을 통해 이야기를 나누는 등 비대면 커뮤니케이션도 활발히 진행돼 혼자 있지만 함께 있는 듯한 느낌을 받을 수 있다.

게더링은 지속되는 동호회나 모임이 아닌 그때그때 열리고 사라지는 이벤트를 의미한다. 우트는 동네에서 하고 싶은 다양한 활동을 통해 소확행 하는 것에 그치는 게더링을 추구한다. '퇴근길에 삼겹살에 소주 한 잔 하고 싶다'라는 생각이 들었을 때 친구에게 갑자기 만나자고 하긴 어렵지만 우트에 올려 게더링을 만들면 몇 명은 쉽게 모일 수 있다. 게더링을 통해 느슨하고 편안한 관계를 유지할 수 있는 것이다.

만남을 추구하는 따뜻한 중고거래 앱, 당근마켓

'당신 근처의 마켓'을 줄인 말인 당근마켓은 지역 커뮤니티, 동네에 기반을 둔 플랫폼이다. 사용자 거주지에서 반경 6km 내에 있는 사람들과 거래할 수 있다. 같은 동네 주민끼리 거래하기 때문에 사기에 대한 우려가 상대적으로 적다. 거래하면서 쌓이는 '거래 매너 온도'는 판매자, 구매자 양측 모두 평판 관리에 신경 쓰도록 하는 장치다. 판매자는 품질이 낮은 물건을 계속 팔거나 속이기 어렵고, 구매자도 과하게 가격을 깎거나 사기로 약속하고 나타나지 않는 행동을 주의하게 된다. 당근마켓의 월 이용자는 1,000만 명이 넘었고 (2020년 9월 기준), 당근마켓의 2019년 연간 거래액은 7,000억 원에 달했다.

당근마켓은 그동안 불모지에 가까웠던 지역 기반 커뮤니티의 새로운 가능성을 열어보인 최초의 서비스로도 주목받고 있다. 당근마켓은 1,000만 사용자 돌파를 기점으로 지역 내 사람과 사람을 연결하는 '동네생활' 서비스를 전국으로 확대 오픈하고, 동네상권 소상공인과 주민들을 연결하는 '내근처' 서비스를 새롭게 선보이며 지역생활 커뮤니티 서비스 강화에 힘을 실었다. 또한 앱 카테고리를 기존 '쇼핑'에서 '소셜'로 변경하며 '연결'에 초점을 둔 서비스 고도화에 본격 나설 계획이라고 밝혔다.

1회용 '같이'의 온기: 여가 어플 '프립'

퇴근 후 여유시간, 약속이 없는 주말 나의 관심사를 찾아 액티비티한 즐거움을 느껴보고 싶다면 여가 어플 '프립'을 추천한다. 여타 모임 어플과 달리 1회성으로 진행되기 때문에 인간관계 또는 정기적인 참석에 대한 부담감을 줄일 수 있다. 프립에서는 '활동적인', '쉽고 재미있는', '나를 위한 건강·뷰티' 등 다양한 카테고리가 있어 취향에 따라 여가활동 선택이 가능하다. 특히 '그림 그리기', '미술관 투어' 등 퇴근 후 '나'에게 집중할 수 있는 동시에 소소한 그룹모임까지 가능한 일상 프로그램이 함께 운영되고 있어 주말 외 평일에도 활용 가능하다.

"소통해요, 딱 필요한 것만": 관심 기반 온라인 커뮤니티

사람들은 비슷한 환경에 있는 사람들과 정보를 나누며 공감대를 형성하고 싶어 한다. 사람들은 다른 사람들의 생각이 항상 궁금하다. 서로가 누구인지 모르는 것이 소통에는 아무 문제가 되지 않는다. 오히려 더 편안하게 소통하게 되는 것이 바로 온라인 커뮤니티의 매력이다.

직장인 익명 커뮤니티: 블라인드

블라인드는 인증된 직장인들의 소통을 위해 만들어진 모바일 익명 커뮤니타다. 지난 2013년 시작한 '블라인드'는 올해 4월 기준 300만 명 이상의 직장인이 이용하며 국내 대표적인 직장인 커뮤니티로 떠올랐다. 블라인드는 회사 이메일로 인증을 마치면 커뮤니티에서 익명으로 다양한 정보를 공유할 수 있어 '직장인판 대나무숲'으로 불린다. 국내 5만 개 이상의 회사 직장인이 사용하며 하루 평균 35분 이상 머무는 것으로 알려져 있다. 초반 블라인드는 사내 갑질이나 비위를 고발하는 성격이 강했다. 대한항공

조현민 전무의 '물벼락 갑질', 조현아 부사장의 '땅콩 회항', 박삼구 금호아시아나 회장에 대한 '미투' 폭로 등 사회적으로 파문을 일으킨 사건 상당수가 블라인드를 통해 알려졌다. 최근에는 고발뿐 아니라 정보와 의견 교환의 창구로도 활용되고 있으며, 현안에 대한 사내 분위기를 형성하는 데에도 주도적인 역할을 하고 있다.

너와 나의 연결고리:
나의 취향을 연결해주는 브랜드

브랜드 정체성:
취향을 '잇다'

'브랜드를 중심으로 어떤 고객을 모으고, 어떤 커뮤니티를 구성할 것인가'가 강력한 브랜드 역량이다. 모이는 행위의 구심점이 강할수록 브랜드와 커뮤니티에 대한 확산은 보다 뚜렷해질 수 있는데, 브랜드 커뮤니티의 구심점에 있어 가장 확실하게 검증된 키워드는 '취향'이다.

대기업 서포터즈나 마케팅 프로그램처럼 취향이 아니라 브랜드가 도드라지게 되면 그 파워는 미미해질 수 밖에 없다. 나이키는 브랜드 네임이 아닌 런닝이라는 취향을 중심으로 커뮤니티를 조성했고, 룰루레몬은 요가라는 취미를 중심으로 커뮤니티를 조성했다. 특정 취향과 브랜드 정체성 사이의 연결고리가 강할수록 커뮤니티의 힘은 커질 수 있다.

몰스킨의 '공유와 협력'

몰스킨은 자신을 표현하는 것을 좋아하는 사람들의 커뮤니티를 만들었다. 자신의 창의성을 발휘하는 사람들이 모이도록 해 '몰스키너'라는 직군을 만들고, 작품을 전시하고 공모를 진행했다. 또한 자사의 홈페이지를 통해 몰스킨 수첩의 기본 틀이 되는 프레임 파일을 공개하여 소비자들이 이 프레임을 다운받아 자유롭게 자신만의 몰스킨 수첩을 만들 수 있게 했다. 소비자들은 몰스킨 수첩에 붙여 쓸 수 있는 다양한 형태의 수첩 내지를 개발하여 홈페이지에 공유하기 시작했고, 수천 개의 새로운 몰스킨 수첩 내지가 탄생했다. 몰스킨은 나아가 이 프레임을 웹상에서 손쉽게 편집할 수 있는 프로그램까지 공개하며 소비자들의 공유와 협력을 부추겼다.

몰스킨은 이렇게 소비자들 간의 '공유와 협력'을 일으키는 플랫폼을 통해 아날로그 종이수첩의 르네상스를 일으켰다. 2014년 몰스킨은 총 1,700만 권의 종이수첩을 판매하였는데, 이 판매수치는 2010년에 비해 2배 이상 증가한 것이다.

브랜드 문화:
소속감을 '묶다'

특정 이슈나 취미에 관심을 가진 고객이 자연스럽게 모이는 상황일수록 브랜드 메시지는 보다 진정성 있게 전달되고 전파될 수 있다. 자발적이고 느슨한 관계가 강력한 브랜드 문화를 형성하는 경우들이 많아지고 있는데, 수많은 관계와 마주침 속에서 발생된 메시지가 자연스럽게 바이럴 되기 때문이다.

커뮤니티의 핵심은 내가 정말 이 브랜드에 소속되어 있다는 확증이다. 흔히 대기업이 사용하는 서포터즈, 체험단 등의 커뮤니티는 따뜻한 정서적 맥락과 교류가 결여되어 있다. 브랜드가 아닌 브랜드 문화, '관계'와 같이 지속가능한 소비자 니즈에 기반해야 커뮤니티의 소속감과 지속성을 유지할 수 있다.

나이키 런 클럽

나이키 런 클럽(NRC)은 나이키의 대표적인 런닝 커뮤니티로, 장소와 일정을 공지하면 원하는 사람들끼리 함께 뛰는 형식으로 진행된다. 러너들은 앱으로 달린 시간과 거리, 동선을 기록해 SNS로 공유하고, 러닝 코칭 프로그램에 참여하기도 한다. 수많은 소규모 커뮤니티가 자연발생적으로 뭉치고 해체되는 과정을 반복하면서 나이키만의 브랜드 아이덴티티를 더욱 공고히 하고 있다.

라파 사이클링 클럽

자전거 의류 브랜드 라파에는 1만 2,000여 명의 회원이 가입된 글로벌 고객 커뮤니티 '라파 사이클링 클럽(Rapha Cycling Club)'이 있다. 라파는 단지 옷을 파는 게 아니라 사이클 문화를 만들어 가겠다는 의지로, 고객이 집중된 23개 지역에서 클럽하우스를 운영하고 있다. 클럽하우스는 자전거 라이더들에게는 만남의 장소다. 한강, 고궁 돌담길 등 라이딩 스케줄이 정해지면 참여를 원하는 라이더들이 이곳에서 만나고 헤어진다.

브랜드 가치:
경험하다

고객들은 브랜드 가치를 '함께' 경험하며 로열티를 확보한다. 어떤 위기에도 브랜드를 지켜주는 것은 결국 그 브랜드와 함께 호흡하며 변화를 경험한 고객이다. 커뮤니티의 가장 큰 장점은 사람과 사람이 부딪히며 그 안에서 지속적인 변화를 경험할 수 있다는 점에 있다. 운동, 독서, 요리, 공부 등 다양한 커뮤니티에서 고객이 느끼는 미묘하게 변화하는 자신의 긍정적인 감정은 결국 브랜드 충성도와 깊게 연관될 수 있다. 변화를 경험한 고객이 충성 고객이 되는 것이다. 고객이 브랜드 커뮤니티 안에서 브랜드가 제공하는 상품과 서비스를 통해 변화를 경험하면 고객은 자연스럽게 브랜드 팬이 되고 전파자가 된다.

온라인으로 모든 것을 비교해 볼 수 있는 시대에 브랜드 경쟁력은 얼마나 가치 있는 경험을 제공하는가, 그리고 그 경험이 얼마나 전파되고 확산될 수 있는가, 그로 인해 얼마나 강력한 팬덤이 형성되는가에 달렸다고 볼 수 있다.

이케아 '다이닝 클럽'

이케아는 2016년 고객의 소모임을 지원하면서 동시에 브랜드 정체성과 경험을 공유하는 흥미로운 행사를 주최했다. 영국 런던 쇼어디치에서 팝업 DIY 레스토랑 '다이닝 클럽(The Dining Club)'을 2주 동안 연 것이다. 이케아 가구로 꾸며진 주방에서 이케아 조리 도구를 사용해 요리하는 공간이었는데, 여기에서는 브런치, 런치, 디너 등 쿠킹 세션도 열렸지만, 이곳의 핵심은 조립 가구 이케아의 근본 콘셉트인 'DIY'를 실천하는 데 있었다. 호스트를 신청한 고객은 레스토랑의 주인이 되어 이케아 도구와 재료를 사용해 저녁식사를 직접 준비할 수 있으며, 최대 20명까지 친구를 초대해 지중해식 코스 요리를 함께 즐길 수 있었다.

북유럽 디자인과 DIY의 실용성을 표방하는 이케아다운 팝업 레스토랑에서 충성 고객들의 작은 모임들이 자연스럽게 만들어졌고, 함께 요리하고 먹는 즐거운 추억이 브랜드와의 감정적 연결을 더욱 강화하는 효과로 이어졌다.

취향에 맞는 사람들아 모여라!

음악을 통한 만남: 스위트그린의 '음악축제'

써브웨이처럼 원하는 야채를 골라 샐러드를 만들어 먹을 수 있는 샐러드 가게인 스위트그린은 최근, 기업가치가 10억 달러(1조 1,700억 원)를 넘어서며 '가장 건강한 유니콘'이라는 별명까지 얻을 정도로 성장했다. 대학교 수업에서 과제를 수행하던 중 만난 3명의 공동창업자는 기숙사에서 동기들에게 샐러드 시식회를 열어 메뉴를 개발했고, 졸업 3개월 만에 조지타운에 1호 스위트그린을 오픈했으며, 현재는 미국 전역 91개 매장에서 연간 1억 6,000만달러(약 1,890억 원)의 매출을 올리고 있다.

창업자 3명은 건강한 문화를, 피자, 햄버거에 익숙한 '요즘 세대' 젊은이들과 공유하고 싶어 했다. 그들이 생각해낸 것은 음악을 통한 소통이었다. 워싱턴 D.C에 두 번째 매장을 내면서 '스위트라이프 페스티벌'을 시작했다. 당시에는 작은 주차공간에서 매주 조그만 공연을 열었지만, 지금은 켄드릭 라마 등 유명 뮤지션들이 참여하고 매년 2만 명이 넘는 사람들이 찾는 워싱턴의 대표적인 축제로 자리잡았다. 매년 매진 행렬이 이어지는 스위트라이프 페스티벌에서는 스위트그린이 준비한 샐러드와 주스 등을 마실 수 있으며, 요가나 피트니스 프로그램 등도 준비돼 있다.

'스위트라이프 페스티벌'은 스위트그린이 추구하는 건강한 음식과 건강한 지역사회라는 가치가 많은 사람과 공유되는 장이다. 또한 페스티벌은 스위트그린 매니아 층을 육성하기 위한 목적도 있다. 스위트그린의 '블랙 등급 회원'에게는 페스티벌 무료 입장권이 주어지는데, 1년에 250달러(약 29만 원) 이상 구매하면 블랙 회원이 될 수 있다. 스위트그린 샐러드 평균 가격 12달러(약 1만 4,000원)를 기준으로 20번 정도만 이용하면 블랙 회원이 되기 때문에 페스티벌을 좋아하는 밀레니얼 사이에서 매니아층이 형성되고 있다.

이런 로열티 프로그램으로 재방문율을 높이고 스타벅스 커피처럼 규칙적으로 찾는 일상 속 브랜드가 되었다는 점에서, 세계적인 투자자 스티브 케이스는 스위트그린을 '샐러드계의 스타벅스'라고 평했다. 스타벅스가 사람들의 라이프 스타일을 바꿔놓은 것처럼, 스위트그린도 사람들의 삶을 변화시키고 있다고 본 것이다.

운동을 통한 만남 : 룰루레몬 '커뮤니티 클래스'

룰루레몬은 캐나다의 요가복 전문 브랜드로, 지난해 매출이 32억만 달러(약 3조 6,000억 원)를 넘어섰다. 룰루레몬의 성공비결은 매달 '커뮤니티 클래스'라고 불리는 무료 강좌를 연 것이다. 커뮤니티 클래스는 요가 수업은 물론 필라테스, 꽃꽂이, 푸드 테라피 등 다양한 종류로 구성되어 있는데, 주로 매장에서 진행되어 브랜드와 매장, 제품에 대한 친밀도를 높였다. 또한 룰루레몬 매장의 판매 점원은 실제로 피트니스 트레이너나 요가강사로, 운동

상담 → 커뮤니티 클래스 신청 → 운동의 습관화 → 브랜드 마니아로 연계되는 과정을 만들었으며, 이 과정 속에서 자연스럽게 룰루레몬의 제품 판매가 이루어졌다. 단순히 운동복만 파는 것이 아니라 제품 구매 여부와 관계없이 운동복과 함께 즐길 수 있는 다양한 경험을 제공함으로써 고객에게 신뢰를 준 점이 룰루레몬의 인기 비결이다.

크리스틴 데이 전 룰루레몬 CEO는 "룰루레몬의 성공 비결은 룰루레몬 간판이 아닙니다. 그 지역 커뮤니티를 존중하며, 커뮤니티 활동에 적극적으로 참여한 데 있습니다. 룰루레몬 간판만으로 고객을 매장에 들어오게 만들 수는 없습니다."라고 말했다.

룰루레몬의 모임은 이제 매장을 벗어나 사람이 모일 수 있는 전 세계 모든 곳에서 다양하게 열리고 있다. 대형 쇼핑몰 복도나 야외 공원, 바다 모래사장, 산, 궁, 호수, 관광지 등에서 개최되었으며, 한국에서도 하얏트호텔 아이스링크장이나 대형 쇼핑몰, 공원 등 도심 곳곳에서 커뮤니티 클래스를 진행했다.

2013년 중국 상하이와 베이징에 4개의 매장을 오픈한 룰루레몬은 중국 플래그십스토어 오픈에 맞춰 중국 자금성과 만리장성에서 수많은 고객들이 모여 함께 요가를 하는 커뮤니티 이벤트를 열었다. 천안문에서 열린 이벤트에는 1,000명이 참여했을 정도로 규모가 대단했으며, 이 이벤트는 중국의 온라인 쇼핑몰 티몰을 통해 생중계 되었다.

등산(공간+운동)을 통한 만남: 블랙야크 '알파인 클럽'

글로벌 아웃도어 브랜드 블랙야크가 운영하는 앱 기반의 산행 커뮤니티 플랫폼 '블랙야크 알파인 클럽(이하 BAC)'이 런칭 8년 만에 멤버 수 14만 명을 돌파했다. 주목할 점은 올해 신규 가입자 중 절반 이상이 2030세대라는 점이다. BAC는 자체 앱을 통해서만 가입과 활동이 가능하며, 앱 내에서는 직접 제품을 팔지 않고 순수한 커뮤니티 채널의 역할만 담당하고 있다. 가입 절차도 간단한데, BAC 전용 앱에 가입한 후 매장에서 인증 타월(무료)을 수령하고, 직접 산에 올라 인증샷을 찍어 올리면 회원가입이 완료된다. 블랙야크에 따르면, BAC 회원이 구매한 매출은 블랙야크 전체 매출의 14.9% 수준으로, 지난 해 대비 5.9% 증가했다.

"얼마나 잘하느냐보다는 얼마나 오래 하느냐가 중요해요. 아무리 좋은 프로그램이라 해도, 한 해만 하고 끝나면 의미가 없죠. 계속 유지하면서 그들이 재미를 잃지 않도록 다양한 과제를 제시합니다. 회원들이 계속 산과 명소를 찾아야 할 이유를 만들어 주는 것이죠."라고 블랙야크 익스트림 팀의 김정배 부장은 한 인터뷰를 통해 말했다.

BAC는 브랜드가 가고자 하는 새로운 채널을 위해 클럽을 먼저 만들고 이를 좋아하는 사람들을 모집해 새로운 스포츠 아웃도어 라이프를 즐기는 커뮤니티를 만드는 데 목적을 두고 있다. BAC는 현재 전국 블랙야크 매장에 숍인숍으로 구성해, 캐주얼

하고 넓은 범위의 스포츠 라이프 스타일을 표방하고 있다. 올해는 암벽등반을 위한 '락 파티' 라인을 별도로 선보였으며, 2020년 하반기에는 이를 BCC(BlackYak Climbing Club)로 업그레이드할 예정이라고 한다. 블랙야크는 향후 BWC(BlackYak Walking Club), BTC(BlackYak Travel Club)는 물론 낚시, 골프, 런닝 등 콘셉트 별로 다양한 커뮤니티 모임들을 계획 중이라고 밝혔다. 또한 8년 동안 브랜드와 경험을 공유하고 있는 13만 BAC 멤버들의 실제 경험과 조언을 바탕으로 기획된 'BAC 컬렉션'을 전개 중이며, BAC 로고를 디자인 요소로 구현해 클럽 멤버들과 유대감을 강화하고 있다.

문구도 체험이 대세: 모나미의 체험 마케팅

생활문구 기업 모나미는 2017년 12월부터 2년여간 300여 차례에 걸쳐 원데이 클래스를 운영하고 있다. 모나미는 오프라인 콘셉트 스토어 매장 6곳을 운영하고 있는데, 이 가운데 수지 본사점과 인사동점에서 주말마다 모나미 프러스펜 수채화 그리기, 에코백 꾸미기, 캘리그라피, 소품 꾸미기 등 다양한 원데이 클래스를 운영한다. 2020년 1월에는 수지 본사점에서 '패브릭 마카로 인테리어 캔버스 그림 그리기' 클래스를, 인사동점에서는 새해를 맞이해 '불렛저널 꾸미기' 2주 과정 클래스를 진행했다. 특히 2019년 10월에는 인사동점 오픈 기념으로 유명 작가들을 초빙해 무료 클래스를 운영했다. 캘리그라피 작가 공병각과 함께

한글 캘리그라피 클래스를 열었고, 온초람 일러스트 디자이너와 함께 영문 캘리그래피 책갈피와 편지 봉투 만들기 클래스를 열었다. 또 오유 수채화 작가와 프러스펜으로 감성 수채화 엽서 만들기 클래스도 진행했다.

모나미는 필기도구의 역할 변화를 눈여겨봤다. 과거에는 누구나 일상적으로 필기도구를 썼지만 컴퓨터와 모바일의 발전으로 필기도구 중요성이 떨어졌다. 대신 직장인 사이에서는 '드로잉 클래스', '수채화 클래스' 등 취미 열풍이 불기 시작했다. 실제로 인스타그램에는 '캘리그라피' 태그로 올라온 사진만 280만 건이 넘고, '드로잉' 관련 태그로도 이미 350만 건 이상 공유됐다. 다양한 필기도구를 판매하고 있는 모나미도 여기에서 가능성을 본 것이다. 모나미 관계자는 "직장인들은 본격적인 주 52시간 근무제 시행으로 워라밸을 중요시하고 취미활동을 즐기기 시작했다."며 "특히 취미 미술에 대한 관심이 뜨겁다. 쉽게 접할 수 있는 필기구로 소소한 즐거움과 나만의 작품이라는 성취감을 느낄 수 있다."고 말했다.

'나'를 팝니다:
MBTI 열풍

"너 MBTI 뭐야?" 직장인 B씨는 최근 친구들과 만나면 자연스럽게 상대방의 MBTI 유형을 물어본다. B씨는 "좋아하는 연예인이 방송에서 본인의 MBTI를 말하는 걸 보고 따라 해봤는데, 나를 잘 설명하는 유형이 나와 신기했다."며 "친구들과도 MBTI 얘기를 하다 보면 사람마다 달라서 재미있다."고 말했다.

성격검사의 일종인 MBTI가 10대부터 30대까지 큰 열풍을 불러일으키고 있다. 에너지의 방향, 인식방식, 판단방식, 생활양식 등 네가지 지표를 각각 외향형(E)과 내향형(I), 감각형(S)과 직관형(N), 사고형(T)과 감정형(F), 판단형(J)과 인식형(P) 등 두가지 성향으로 나눠 16개 유형으로 조합한다. 젊은 세대가 MBTI 검사에 푹 빠진 건 자신도 몰랐던 모습을 객관적으로 알 수 있다는 점 때문이다.

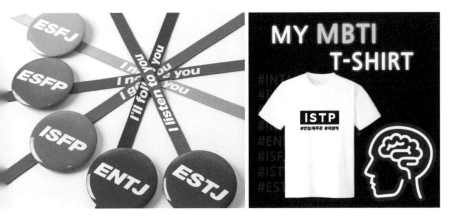

▲ MBTI를 활용하여 만든 굿즈들. (좌)MBTI별 핸드폰 스트랩 (우)MBTI 티셔츠 (출처: 마플샵 홈페이지, 쿠팡 상품 페이지)

L씨는 "예전에 혈액형이나 별자리로 성격, 궁합을 알아보던 것과 비슷한 맥락인 것 같다."면서 "MBTI 유형이 내 성격을 100% 설명하지는 못하지만 유형별 설명을 보면서 나도 몰랐던 모습을 발견할 수 있었다."고 밝혔다. K씨는 "우물쭈물하는 성격이 마음에 안 들었는데, MBTI 검사를 하고 나서 '내 성향이 이래서 그런 행동을 자주 했구나'라고 생각하게 됐다."며 "내 단점을 같은 유형의 다른 사람들도 비슷하게 갖고 있을 것이라고 생각하면 위안이 된다."고 말했다. MBTI는 나와 다를 수밖에 없는 타인을 좀 더 쉽게 이해하는 데도 도움을 준다. P씨는 "회사 생활을 하면서 사람들 때문에 스트레스가 컸다. 왜 그런 행동을 하는지 이해되지 않고 공감하기도 어려웠다."면서 "MBTI를 해보고 나서는 '그냥 나와 다른 사람도 있구나'라고 생각한다."고 전했다.

이제는 나를 알리고 싶어

밀레니얼은 누구보다 '나'를 중요하게 여기는 세대다. 내가 누구인지, 무엇을 원하는지, 나를 어떻게 표현할지에 강한 관심을 가진 밀레니얼들은 혼란한 사회 속에서 자신만의 색깔을 찾고 표현하고 싶어 한다. 또한 무수히 다양화되고 개인화된 취향속에서 공통점을 찾아 유형화하여 그 집단에 속해 있다는 사실로 나의 정체성을 드러내고 싶어 한다. 이것이 그들이 MBTI 성격유형검사, 심리테스트에 열광하는 이유다. '나를 알고 싶고, 나를 알리고 싶고, 너를 알고 싶어서'다.

MBTI 검사를 비롯한 다양한 테스트를 통해 '나는 어떤 성향의 사람인지', '그동안 어떤 이유에서 특정한 행동패턴을 보였는지' 등을 이해하면서 자신에 대한 명쾌한 해석을 얻는다. 또한 자신의 성격유형검사 결과를 해시태그와 함께 인증하고 지인과 공유하는 것 자체에 열광한다. 또한 SNS나 유튜브상에서 같은 유형의 성격을 가진 사람을 발견하면 즉시 공감대를 형성하기도 한다. P씨는 "대화 주제가 마땅하지 않을 때 MBTI는 좋은 화제"라고 말했다. 그는 "자신을 구구절절 설명하기 어려울 때가 많은데, 'INTP(논리적인 사색가)다', 'ENFP(재기 발랄한 활동가)다'라는 식으로 얘기하면 대화의 물꼬가 터진다."면서 "성격은 물론 장단점까지 포괄적으로 얘기할 수 있는 게 좋다."고 설명했다.

전문가들은 MBTI 인기의 이유로, 자기 자신을 쉽게 규정해 줄 수 있다는 점을 짚었다. 곽금주 서울대 심리학과 교수는 "특히 젊은 세대에서 MBTI 열풍이 부는 건 스스로의 성격을 잘 모르기 때문"이라며 "MBTI 등 심리검사 결과에 자신을 맞추고 유형화하는 과정에서 안정감을 얻게 된다."고 밝혔다. 다른 일각에서는 "혼란한 사회에서 청년들은 내가 어떤 사람인지 자신만의 색깔을 찾고 싶어 하는 경향이 있다. 각종 테스트 결과를 통해 자신의 정체성을 찾고자 하는 것으로 보인다."며, "각종 테스트 결과를 주변과 공유하는 것도 '나는 이런 사람이야'라는 것을 상대방에게 알리고 싶은 것과 무관치 않다."고 설명하고 있다.

수많은 알고리즘이 나도 모르는 나의 취향과 선택을 알아서 제시해주는 시대를 맞아, 밀레니얼은 자기 자신에 대해 생각하고 자신의 정체성을 다른 사람들에게 알릴 수 있는 기회가 점점 줄어들고 있다. 한편, 수없이 다양화되고 개인화된 취향 속에 둘러싸여 있는 밀레니얼은 그 속에서 자신만의 색깔을 갖고 자신만의 방식으로 표현해야 한다는 압박을 받기도 한다. 따라서 자신의 정체성을 찾고 표현하는 수단으로써 '집단'을 찾고 형성한다.

발 빠르게 MZ세대를 잡는다.
브랜드의 MBTI 활용법

애초 MBTI는 학교, 군대, 기업 등에서 심리유형 및 적성 파악을 위해 활용한 검사였지만 최근 MZ세대 사이에서 하나의 문화 현상으로 자리잡았다. 이에 기업들이 MBTI를 자사 브랜드와 제품 홍보 수단으로 활용하고 있다. 일각에서는 '과도한 마케팅 경쟁'이라는 지적도 제기되지만, 2030 이용자는 오히려 "브랜드가 얼마나 트렌디한지 알 수 있어 좋다."는 반응이다.

카카오는 카카오톡 선물하기를 통해 2020년 4월 13일부터 5월 3일까지 '이야기가 있는 선물' 영역을 통해 MBTI 기획전을 운영했다. MBTI 검사를 기반으로 성격과 취향에 따른 선물 결과를 제공한 것이다. 예를 들어 '가치' 있는 삶을 지향하는 NF형에게 친환경 버킷백이나 멸종위기동물 알림 팔찌 등을 제안하고, 남을 잘 돕는 SF형에게는 안마기를 추천하는 식이다. 카카오 측은 "선물하기 서비스 이용자에게 재밌는 콘텐츠를 제공하고 동시에 MZ세대가 즐겁게 선물하는 경험을 할 수 있도록 해당 기획전을 마련했다."며 "해당 영역은 평균 대비 2배 이상의 클릭 수를 기록했고, 이 중 30세 이하 클릭률이 80% 이상을 차지했다."고 설명했다. 카카오는 카카오메이커스를 통해 MBTI 결과를 인쇄한 티셔츠 16종을 판매하기도 했다. MBTI 티셔츠에는 MBTI 유형과 함께 해당 유형에 대한 대표 키워드가 적혔다. 'INTP'라는 글자와 이를 대변하는 '논리가(The logician)'라는 영어가 함께 쓰인 형태다.

한편, 배달의민족은 MBTI와 비슷한 'BMTI' 테스트, 즉 '배민 주문 유형검사'를 만들었다. 사용자가 배달의민족 내에서 가장 많이 배달을 시킨 항목 중 첫 번째와 두 번째 항목을 알파벳 이니셜로 나타내고 재치 있는 설명을 덧붙여 웃음을 자아낸 것이다. 배달의민족은 BMTI 결과를 인스타그램에 해시태그와 함께 올리는 이벤트를 진행해 100명에게 1만 원 쿠폰을 제공했다.

삼양식품의 불닭볶음면 홍보 콘텐츠도 화제였는데, 삼양식품에서는 '불닭TV'라는 유튜브 채널을 개설하여 'MBTI 유형별 불닭볶음면 반응'이라는 영상을 게재했다. 해당 영상은 각각의 MBTI 유형별로 불닭볶음면을 먹는 장면을 연출하면서 유저들의 공감과 재미를 이끌어냈다.

삼양식품에 이어 SKT에서도 MBTI를 활용한 이벤트를 진행했다. 페이스북 커뮤니티 페이지를 통해 MBTI 유형별 핸드폰 바꾸는 방법에 대해 소개한 뒤 마지막에 이벤트 관련 언급으로 소비자들의 참여와 공감을 불러일으켰다.

우리도 만든다,
MBTI 패러디

EBS 토목달은 '토익 공부 스타일 MBTI'를 만들어 유형별로 적절한 토목달 상품을 추천하였고, 죠스떡볶이는 나만의 분식집 메뉴 선택 유형을 알 수 있는 'JBTI'를 만들어 이벤트를 진행하기도 했다. 하이트진로는 성격을 동물에 비유하여 분석해주는 테스트가 유행하자 자사 제품인 필라이트 맥주를 홍보하기 위해 발빠르게 공식 페이스북 페이지에 광고를 올렸다. 마스코트 캐릭터인 코끼리를 이용하여 동물 심리테스트 결과를 패러디한 것이다. 또 베스킨라빈스는 좋아하는 맛을 골라 알아보는 'BRTI'를 SNS를 통하여 선보였다.

TMI에서 MBTI로 넘어간
아이돌 팬덤의 '요구'

"오빠, MBTI 뭔지 알려주세요!" 전역 이후 첫 브이라이브(VLIVE)에서 팬들을 만난 그룹 하이라이트의 리더 윤두준은 수많은 팬들에게서 같은 질문을 받았다. 윤두준은 헷갈려하면서도 성실하게 자신의 MBTI 검사 결과를 알려주었고, 여러 팬들은 그 정보를 바탕으로 도출할 수 있는 가상의 질문과 답변을 만들어

윤두준의 성격에 대입하고 즐거워했다.

윤두준뿐만이 아니다. 솔로앨범을 발표한 동방신기의 최강 창민, NCT, 더보이즈 등 수많은 아이돌들이 MBTI를 알려주는 영상을 올리며 이를 적극적인 마케팅 수단으로 활용하고 있다. 하지만 팬들이 알고 있는 특정 아이돌의 MBTI는 그의 성격을 그대로 대변해주는 증거가 아니다.

실제로 한국MBTI연구소에 따르면 MBTI는 "개인의 심리적 선호에 관한 문항들에 스스로 응답하게 하여 자신의 검사결과를 통해 성격유형을 분류하는" 도구이면서, "자신과 타인의 심리적 선호의 차이를 이해하고 그 차이가 미치는 삶의 다양한 부문에 효과적으로 이해하고 적응할 수 있도록 돕는" 도구이다. 이 연구소에서 전문가 양성을 위해 진행하고 있는 교육만 해도 수십 개가 넘는다. 모든 심리검사, 성격유형검사가 그러하듯 이 검사 결과 또한 해석에 있어서 각 개인의 특수성이 고려돼야 하고, 높은 신뢰도를 갖기 위해서는 검사 대상에 대한 깊이 있는 연구를 필요로 한다. 즉, 우리 사회를 구성하는 수많은 사람들의 성격을 고작 16개의 유형으로 쉽게 객관화할 수는 없다는 뜻이다.

MBTI 결과를 알게 된 팬들 중 다수는 아이돌들이 공개했던 온갖 TMI의 조각들을 모아 이것을 해당 아이돌의 성격으로 연결 짓는다. 이 과정에서 아이돌들은 브이앱과 유튜브 리얼리티, SNS 라이브 방송 등으로 사생활을 공개하는 영역으로까지 좁혀진 팬과의 거리를 또다시 자신들의 힘으로 조절할 수 없게 된다.

예를 들어 "오늘은 아메리카노를 마실지 라떼를 마실지 엄청 고민했다."는 TMI를 내향적이고 소심한 성격으로 해석하거나 정반대로 외향적이며 말이 많은 활달한 성격으로 해석하는 일은 팬들의 몫이 된다. 한동안 유행했던 TMI에 대한 요구는 MBTI로 변모해 보다 논리적, 체계적으로 보이는 분석 틀로 쓰이며, 아이돌들의 행동이나 이미지를 팬들의 상상 속에서 제한한다. 이는 음악이나 퍼포먼스와 같은 콘텐츠를 통해 팬들 개개인이 주관적으로 아이돌의 서사나 장단점을 분석하는 일과는 전혀 다른 종류의 것이다.

아이돌 산업 내에서의 TMI와 MBTI 유행은 교묘하게 사생활의 영역과 무대 위의 경계가 허물어진 상황을 보여주는 것이라는 의견도 있는 한편, 일상의 침해가 이뤄질 수 있는 여지가 있다는 의견도 있다.

★ **펀놀로지**

'재미있다'는 뜻의 'Fun'과 '기술'의 'Technology'의 합성어로, '소비자를 즐겁게 하면 팔린다'는 뜻. 재미를 주는 상품과 서비스가 소비를 발생시키는 현상을 일컫는다.

★ **가잼비**

'가격 대비 재미(잼)의 비율'을 줄여 부르는 말로, 어떤 품목이나 상품에 지불한 가격에 대비해 느낄 수 있는 재미의 정도를 뜻한다.

★ **모디슈머**

'수정하다'는 뜻의 modify와 '소비자'라는 뜻의 consumer의 합성어로, 자신만의 취향을 반영한 레시피로 기존 제품을 다양하게 조합해 즐기는 이들을 뜻한다.

★ **되팔렘**

실제로 사용할 생각이 없으면서 물건을 구해 웃돈을 받고 파는 사람을 조롱하는 인터넷 은어다.

★ **드롭마케팅**

영어로 '투하하다'라는 뜻을 가진 드롭(drop)의 의미처럼 한정판 상품을 특정 요일이나 시간대를 정해 기습적으로 판매하는 방식이다.

PART 2
팔딱이는
트렌드 뒤에는
이들이 있었다!

브랜드 담당자가 전하는 생생한 스토리

국민볼펜 모나미는 어떻게
'힙'한 볼펜이 되었나

신동호, 모나미 마케팅 팀장

모나미에서 마케팅을 맡고 있는 신동호입니다. 저는 15년 정도 그래픽 디자이너 일을 했고, 2015년부터 최근까지 모나미에서 상품 개발, 이커머스, 콘셉트 스토어, 고객센터와 같은 고객 접점에 있는 여러 가지 일들을 맡아서 운영하고 있습니다. 시각디자이너 출신의 마케터입니다.

2015년부터 최근까지 모나미가 어떻게 변화하려고 노력했고, 성과를 이뤄왔는지 말씀드리려고 합니다. 모나미가 중요하게 여기는 경험의 가치와 프리미엄 전략의 브랜딩, 그리고 돈 버는 마케팅과 디자인 씽킹, 마지막으로 성공적인 컬래버레이션의 순서로 이야기하겠습니다.

경험의 가치를 추구하는
마케팅을 시작하다

모나미는 1960년 물감과 크레파스를 만들어 파는 광신화학 공업사로 시작한 회사예요. 3년 후인 1963년에 '153볼펜'이 출시되어 지금까지 43억 자루 정도 판매됐습니다. 이게 얼마나 많은 양인가 하면 14.5cm인 153볼펜 43억 자루를 일렬로 세우면 지구를 15바퀴 도는 길이가 됩니다.

60년대 초반만 해도 펜대에 펜촉을 끼워 잉크를 찍어 쓰는 경우가 많았는데, 여간 불편한 게 아니었어요. 그런 시대에 등장한 153볼펜은 그야말로 혁신적인 제품이었을 거라고 조심스럽게 생각해봅니다. 153볼펜 외에도 모나미는 프러스펜, 네임펜, 유성매직, 사인펜 등 여러 시그니처 제품을 갖고 있습니다. 그중에서 사인펜과 매직은 보통명사화되어 국어사전에 등재되어 있기도 합니다.

마케팅을 하면서 밀레니얼에 대한 이야기를 안 할 수가 없는데요. '밀레니얼들은 성공이 아닌 성장에 더 많은 가치를 둔다.'는 이야기가 나오더라고요. 결과론적인 성공보다는 작년보다 올해, 어제보다 오늘 조금 더 성장하는 데서 행복을 느낀다는 거죠. 그런데 성장을 하기 위해서는 다양한 경험이 필요합니다.

모나미는 경험의 가치를 중요하게 생각하는 소비자들과 함께하기 위해 마케팅 활동에 공을 들이고 있어요. 하지만 모나미는 제조사다 보니 기본적으로 소비자와 만날 수 있는 기회가 많지 않습니다. 그래서 2015년부터 경험을 제공하는 '콘셉트 스토어'를 만들기 시작했어요. 본사 1층에 있는 콘셉트 스토어 클래스에는 지금까지 2,000여 명이 다녀가셨는데요. 참가자들은 2시간 가량 진행되는 클래스에서 모나미 제품으로 작품을 만들면서 제품의 우수성을 몸으로 느끼고, 클래스에서 만든 작품을 SNS에 올려 뽐내기도 해요. 그 과정에서 자연스럽게 바이럴 마케팅이 되고 있고요. 이렇게 모나미는 소비자와 만나고 함께 부대끼며 경험하는 접점을 계속 확장시켜 나가고 있습니다.

평범해서 특별하다:
프리미엄 전략의 브랜딩

'슈퍼 노멀'이라는 말을 마케팅에서 많이 쓰는데요. '슈퍼'의 특별함과 '노멀'의 평범함, 두 단어의 조합은 아이러니하지만, 결국 말하고자 하는 건 제품의 진정성 있는 본질에 대한 것입니다. 슈퍼 노멀을 논할 때 모나미 153볼펜도 자주 거론됩니다. 최근에는 특별한 것들이 너무 많아서, 오히려 평범한 것을 특별하다고 느끼는 시대인 것 같아요. 그래서 모나미도 올해 60주년을 맞이하면서 '평범하더라도, 화려하지 않더라도 진정성을 가지고 본질에 집중한다면, 그 평범함은 특별함이 된다.'는 메시지를 전하고 있습니다.

2000년대 들어서 학령인구가 감소하면서 필기구의 수요가 많이 줄어들어 문구산업이 레드오션이 되었습니다. 모나미 역시 2000년대 초반에 여러 가지 어려움을 겪었죠. 그래서 신수종 사업이라고 하는 새로운 비즈니스에 대해서 고민하고 유통 쪽으로도 투자했었지만, 성공하지는 못했습니다.

2014년에 모나미는 우리가 제일 잘할 수 있는 것이 무엇인지, 즉 본질에 대해 다시 고민을 시작했어요. 그리고 프리미엄 전략을 세웠습니다. 많은 소비자들이 필기구를 단순하게 필기구로만 바라보지 않고 수집, 소장가치, 선물 등의 키워드로 엮고 있었기 때문에 저희도 객단가가 높은 프리미엄 제품을 출시하려고 했습니다. 그러면서 새로운 브랜드 론칭에 대해서도 고민했지만, 국민 브랜드인 모나미를 고급화하는 전략이 더 적합하다고 최종적으로 결정하고 다양한 형태의 마케팅 활동을 시작했습니다. 전문 마케터들도 영입했고요. 대기업이나 글로벌 기업에서 마케팅 전문가들을 초빙하기도 했는데요. 이건 별로 성공적이지 못했습니다. 이유는 모나미와 모나미를 사랑하시는 분들을 이해하려 하지 않았기 때문입니다. 그래서 2014~2015년에 모나미 안에서 모나미를 잘 이해하고 있는 내부직원으로 마케팅 팀을 꾸리자는 이야기가 나왔고, 그래서 저도 마케팅 팀에 합류하게 된 거예요.

제품의 프리미엄 가능성을 확인해보기 위해 소비자가격이 300원인 153볼펜을 메탈 버전으로 만들어 2만 원에 판매해봤어

▲ '가장 혁신적인 기업 1위'로 선정된 '와비파커' 미국 맨해튼 매장

요. 그랬더니 1만 개가 1시간 만에 완판되고, 온라인에서 중고가 40만 원에 거래되기도 하더라고요. 모나미가 프리미엄 전략으로 한 단계 업그레이드될 수 있겠다는 확신을 가지게 되었죠.

돈 버는 마케팅 1.
제품이 중요하다

2015년에 마케팅 팀을 맡은 뒤, 오래된 중견기업 특유의 변화를 두려워하는 문화가 모나미 안에 있다는 걸 알게 되었어요. 또 마케팅 팀에 대해서 돈 쓰는 부서라는 안 좋은 시선이 있다는 것도 알게 됐죠. 그러다 보니 마케팅 활동을 할 때 번번이 예산이 부족했고, 집행할 때도 어려움이 많았습니다.

그래서 마케팅 활동을 잘하기 위해 어떻게 해야 할까라는 질문을 스스로에게 많이 던졌어요. 그러면서 제가 돈을 벌어서 마케팅 활동을 하게 되면 누가 뭐라고 하겠나 싶어서 돈 버는 마케팅에 대해서 고민했어요. 아무래도 디자이너 출신이다 보니 마케팅 용어에서부터 시작해 마케팅에 대해 모르는 것이 많아 입문서를 구입해 공부하기 시작했는데요. 디자이너로 일할 때는 '마케팅=홍보'라고만 생각했는데, 책에서는 '제품의 중요성'을 첫 번째로 꼽더라고요.

모나미는 제조사이고 제품 브랜드가 있으니, 차별화된 제품으로 돈 버는 마케팅을 해보기로 했습니다. 요즘 소비자들은 단순한 소비자에서 그치지 않고 각자의 채널, 매체를 가지고 있잖아요. 기업에서 콘텐츠를 제공할 수 있는 제품만 잘 만든다면 자연스럽게 바이럴 홍보가 가능할 거라고 생각했습니다.

월간지 〈베스트컴퍼니〉가 2015년 세계에서 가장 혁신적인 기업 1위로 선정한 '와비파커(Warby Parker)'는 온라인에서 안경을 파는 기업으로 유명한데요. 이 기업은 합리적인 가격으로 안경을 팔고자 했던 와튼스쿨 동창생들의 생각에서 시작되었습니다. 결국 마케팅할 때는 본질의 중요성을 잊지 말아야 하고, 그 본질은 제품으로부터 시작됩니다. 그리고 그 제품에는 유형의 상품만 있는 건 아닙니다. 서비스라든가 다양한 프로모션 이벤트 등 무형의 상품을 잘 만들어 마케팅할 수도 있습니다.

모나미는 소비자에게 새로운 경험의 가치를 전달할 수 있는 제품을 내부에서 찾으려고 노력했어요. 2015년부터 지금까지도

커스터마이즈, DIY, 프로슈머, 초개인화 등의 이야기가 꾸준히 나오고 있기에, 이런 트렌드에 맞춰서 제조사가 굳이 완성품을 만들어서 판매하는 것이 아니라 고객들에게 만들 수 있는 기회를 일부 주는 것이 어떨까 하는 식의 확장된 사고를 해보았습니다. 그 결과 고객들이 직접 조립해 사용하는 '153 DIY 키트'가 나왔어요. 보통 어떤 제품을 하나 출시하려면 투자비용이 많이 발생하고 제품 출시까지 기간도 오래 걸리는 데 반해, 이 제품은 그러한 비용이나 시간을 들이지 않고도 좋은 성과를 얻었습니다. 여기서 더 나아가 153볼펜의 짝꿍 제품인 노트를 직접 실로 꿰매서 쓸 수 있도록 한 '워크룸 키트'도 출시했습니다.

기업이 혼자 모든 것을 진행하는 것이 아니라 고객과 함께 만들어 나가는 것, 이것이 마케팅 성공의 중요한 요소라고 생각합니다. 앞서도 말씀드린 것처럼 고객의 취향을 강하게 반영하게 되면 저희가 따로 마케팅 활동을 하지 않아도 자연스럽게 바이럴이 돼 제품 소개로 이어집니다. 153 DIY 키트의 경우는 저희도 모르는 사이에 CJ E&M의 다다스튜디오에서 소개 영상을 만들어서 홍보가 된 적이 있었어요. 실제로 CJ E&M의 다다스튜디오에 광고로 맡겼을 때의 비용을 생각해본다면, 저희는 제품만으로 돈 버는 마케팅을 한 게 맞는 거죠. 이렇게 다른 기업이 스스로 나서서 모나미 제품을 소개해주는 모습을 보면서 경험의 가치를 추구하는 제품에 대해 더욱 확신이 섰습니다.

2019년 11월 콘셉트 스토어 인사동점을 오픈하던 날도 153

▲ 다다스튜디오에서 자발적(!) 홍보를 해준 153 DIY 키트 (출처:모나미 제공)

DIY 키트를 쇼잉으로 활용했어요. 대단한 제품은 아니지만 확장된 사고를 통해 제품 하나로 판매, 바이럴, 홍보, 쇼잉 등 여러 가지 활동을 할 수 있었던 제품입니다.

돈 버는 마케팅 2.
스토리가 있어야 한다

　최근에는 정치계에서도 스토리를 가진 인재를 영입하잖아요. 브랜드를 위해서도 이제는 마케터가 아닌 스토리텔러가 되어야 합니다. 모나미는 문구회사가 아니라 콘텐츠를 통해 경험을 파는 회사로 포지셔닝해야 한다고 생각했어요. 물론 그 콘텐츠는 모나미 제품과 연관된 것일 테고요.

2015년 11월 오픈한 콘셉트 스토어 홍대점의 주제는 '페이퍼'였어요. 모나미가 종이가 되고, 스토어 공간에 들어온 고객이 펜이 되어 스토리를 써 나가자는 의미였어요. 그래서 공간 디자인을 비롯해 모든 것을 페이퍼라는 키워드에 맞춰 만들었습니다.

동대문디자인플라자(DDP)점은 일, 월, 년, 매일의 삶의 기록이 시간 속에 남겨지기를 바라는 마음을 담아 '캘린더와 다이어리'를 콘셉트로 디자인되었고, 에버랜드점은 '꿈의 공장', 부산 롯데백화점점은 '워크룸'으로 40대 가장들의 이야기를 담았습니다. 본사와 인사동의 콘셉트 스토어는 체험과 경험을 통해 더 많은 스토리를 만들 수 있도록 공간을 구성해 '스토리 연구소'라고 이름을 지었고요. 현재 6개의 콘셉트 스토어 매장이 이렇게 각각의 차별화된 스토리를 갖고 있습니다.

마케팅의 키 콘셉트도 매년 다르게 정했습니다. 2015년과 2016년에는 고객에게 경험 그 자체를 주어야 한다고 생각해 '경험'을 콘셉트로 정했고, 2017년에는 경험을 통해 소비자 1명 1명의 스토리를 만들고자 '스토리'를 콘셉트로 정했습니다. 2018년에는 본인이 만든 스토리로 서로 대화하면서 친구가 되어 보자고 '대화'를 콘셉트로, 2019년에는 친구가 된 고객들이 스토리를 가지고 즐겁게 놀아보자고 '놀기'를 콘셉트로 정하고 여러 가지 활동을 진행했어요. 그리고 올해의 콘셉트는 '감동'입니다. 진정한 친구는 어려울 때 서로 도우며 감동을 주잖아요.

모나미 팬클럽의 경우도 작은 감동들을 통해 지속적인 팬덤을 확보하려고 합니다. 예를 들면, 모나미 팬클럽 수료증은 종이 한 장이 아니에요. 패키지 안에 수료증과 함께 볼펜을 담았는데, 볼펜 바디에 '수료 1기' 대신 '누군가의 첫 번째 친구가 된다는 건'이라는 카피를 새겼어요. 많은 분들이 수료증을 받고서 감동했다는 내용을 SNS에 올려주셨습니다. 이런 글들 덕분에 한 기수에 153명을 모집하는데, 최근 3기를 모집할 때는 1,000명 가까이 지원하셨어요. 확장된 사고의 감동이라고 생각합니다.

돈 버는 마케팅 3.
공유의 힘

돈 버는 마케팅의 세 번째는 공유에 대한 이야기입니다. 지금은 자기 것에 대해 이야기하는 시대가 아니에요. 내 것에 대한 욕심을 버리고 공유를 통해 다시 '내 것화'시키는 것인데, 이 공유의 힘이 돈 버는 마케팅의 중요한 부분입니다.

몇 년 전에 일본 이토야라는 매장에 간 적이 있었는데요. 그때 그곳에 걸린 포스터가 인상적이었어요. 포스터의 내용은 사진을 찍고 공유해도 된다는 것이었어요. 불과 몇 년 전만 하더라도 사진을 찍지 말라는 경고문이 많았는데, 왜 이렇게 생각이 바뀌었을까요? 그것은 공유를 통해 얻는 홍보의 효과로 회사가 얼마나 많이 이득을 얻게 되는지 알았기 때문일 거예요.

앞에서 한 이야기를 정리하면, 돈 버는 마케팅을 잘하기 위해서는 제품이 중요하고, 제품에는 스토리가 담겨야 하고, 그 스토리를 소비자들과 공유해야 합니다. 좋은 상품이 공유라는 개념에 접목되면 예측보다 훨씬 큰 이득을 지속적으로 얻을 수 있습니다.

디자인 씽킹 1.
사고를 확장하기

그런데 기존과 동일한 형태의 사고를 해서는 돈 버는 마케팅의 해결책을 찾기가 어려워요. 그래서 이제부터 '디자인 씽킹' 3가지를 소개해드리려고 합니다.

미국의 유명한 디자인 회사 '아이데오'에서는 이를 '디자인 씽킹(Design thinking)'이라고 하죠. 디자인 씽킹에서 첫 번째로 필요한 건 '확장된 사고'라고 말씀드릴 수 있는데요. 예를 들어볼게요. 가전회사에서 에어컨을 개발할 때 소비자 조사를 통해서 니즈를 찾았다고 쳐봐요. 어떤 기업은 그것을 시원함이라고 또 어떤 기업은 쾌적함이라고 생각한다면, 후자가 더 확장된 사고, 디자인 씽킹을 하고 있다고 볼 수 있어요. 특히 브레인스토밍이나 아이디에이션을 할 때 디렉터나 매니저는 확장된 사고를 통해서 과제를 전달해야 지금껏 생각하지 못했던 차별화된 아이디어를 얻을 수 있습니다.

저는 2000년대 초반 사진 한 장을 보고 디자인 씽킹에 대해 관심을 갖게 되었어요. 정지선 바로 앞에 신호등을 두어 정지선을 지킬 수밖에 없도록 디자인한 영국의 거리 사진이었는데요. 영국인들이 준법정신이 뛰어나 교통신호를 잘 지키는 게 아니라, 디자인 씽킹를 통해 자연스럽게 교통신호를 지키도록 만든 거였죠.

모나미에서도 디자인 씽킹을 해보았습니다. 153볼펜만큼이나 인기가 많은 게 '프러스펜'인데요. 프러스펜은 수성펜이라 물에 잘 번지기 때문에 경쟁사보다 내수성을 강화하려고 노력해온 제품이에요. 그런데 예전만큼 필기구 수요가 많지 않은 상황에서 내수성을 강화하는, 즉 단점을 보완하는 연구보다는 물에 잘 번지는 단점을 활용하면 어떨까 생각했어요. '필기하다'에서 '그리다', '칠하다'로 패러다임을 바꿔보는 거죠. 프러스펜으로 수채물감처럼 그라데이션 효과까지 줄 수 있거든요.

마케팅 일을 어느 정도 하면서부터 동종업계 경쟁은 큰 의미가 없다는 걸 깨닫게 되었습니다. 이제 저희 경쟁 상대는 문구회사가 아니라 수채화 물감 만드는 회사가 된 거죠. 다만 저희의 이러한 생각을 비즈니스로 이어가는 데에는 검증의 과정이 필요했기 때문에, 어린이 그림 그리기 대회, 두들링 콘테스트 등을 온라인에서 했어요. 프러스펜으로 그렸다고 생각하기 어려운 수준 높은 작품들이 많았습니다. 마케터들이 모르고 있었을 뿐 오래전부

▲ (좌)프러스펜으로 그린 수채화 그림 (우)프러스펜과 스케치북으로 구성된 모나미 트래블 키트
(출처: 모나미 제공)

터 프러스펜으로 그림을 그리는 사람들이 많이 있었던 겁니다.

그리고 저희가 만든 '트래블 아트 키트'는 밀레니얼의 키워드 가운데 하나인 '여행'과 관련된 상품이에요. 디자인 씽킹으로 어떤 유·무형의 상품, 서비스를 개발할 때는 회사에 부담이 되지 않아야 하는데요. 이 제품 역시 설비 투자나 새로운 디자인이 반영된 것이 아니라 기존 제품을 잘 조합한 것으로, 결국 디자인적으로 확장된 사고의 결과물이였습니다.

디자인 씽킹 2.
더 가까이서, 더 멀리서 관찰하기

디자인 씽킹에서 두 번째 필요한 것은 '관찰'입니다. 아이데오에서는 '플라이 온 더 월(fly on the wall, 현장 밀착 취재)'이라는 몰래 관찰하기 방식을 많이 쓰는데요. 저 역시 상품 개발을 하면서 소비자 조사의 내용과 실제 행동이 다르다는 것을 많이 경험해서, 직원들에게 상품 개발이나 문제 해결을 할 때 무조건 플라이 온 더 월 방식을 사용하라고 이야기하고 있습니다.

2016년경 한남동 '비이커' 매장에 시장 조사를 갔다가 사람들이 향수를 섞는 키트에 관심이 많다는 걸 알게 되었어요. 그래서 모나미가 잘할 수 있는 잉크 제조 기술에 아이디어를 접목해 '잉크 DIY 키트'를 만들어보기로 했습니다. 남들이 만년필을 만들어 경쟁할 때 저희는 만년필 쓸 때 필요한 '나만의 잉크 만들기' 상품을 만든 거죠.

디자인 씽킹을 위해서는 조금 뒤로 물러나서 바라보는 게 필요합니다. 모나미 내부에서도 만년필을 만드는 일에 당연히 노력하고 있지만, 조금 더 넓게, 조금 더 멀리서 보면 만년필에 쓸 수 있는 다양한 형태의 잉크를 제공하는 것에 생각이 미치게 될 수 있다는 것이죠.

디자인 씽킹 3.
인간 중심적으로 생각하기

　디자인 씽킹의 세 번째는 '인간 중심'입니다. 이제 나이나 성별 등으로 타깃을 구분하는 것은 큰 의미가 없는 시대가 되었어요. 모두 똑같은 사람이라는 뜻인데요. 문제 해결을 위해서는 인간 중심적 사고가 중요합니다. 그래서 저희도 마케팅을 진행할 때 고객 한 분 한 분의 니즈에 맞추려고 노력하고 있어요.

　'키친 마카'는 물에는 잘 안 지워지면서 중성세제에는 잘 지워지는 제품이고요. '물기에 잘 써지는 마카'는 말 그대로 물기 있는 곳에 써도, 쓴 위에 물기가 닿아도 괜찮은 마카예요. 노량진 수산시장에서 아이디어를 얻은 제품인데요, 새벽 시장을 관찰하려고 나갔다가 습기 젖은 박스에 마킹을 하기 위해서 크레파스를 불에 녹여서 쓰는 모습을 보고나서 불편함을 해소하기 위해 개발한 겁니다.

　마케터들이 오류를 많이 범하는 이유 가운데 하나가 경쟁상품 분석을 너무 많이 하는 거예요. 그러면 그 이상의 것을 할 수가 없거든요. 중요한 건 소비자가 필요로 하는 것, 회사가 잘할 수 있는 것을 소비자에게 제공하는 것, 이것들에 집중하는 거예요. 그러니까 인간에 대한 이해가 문제 해결로 이어지는 거죠.

성공적인 컬래버레이션을
위해서는 공감부터!

앞서 말씀드린 디자인 씽킹은 성공적인 컬레버레이션을 위해 꼭 필요한 것들입니다. 앞서 마케터가 스토리텔러가 되어야 한다고 말씀드렸는데, 성공적인 컬래버레이션을 하기 위해서는 여기에 더해 창작자, 크리에이터가 되어야 한다고 생각합니다. 다른 마케터를 따라 하는 것은 그리 효과적이지 않아요.

그리고 상대 기업을 이해하고 공감해야 합니다. 자기 기업 이야기만 많이 해버리면 컬래버레이션에 실패할 확률이 높습니다. 상대 기업의 편에 서서 문제 해결을 같이해야 하는데, 그러기 위해서는 창의적인 제안서를 작성해야 하고 상대 기업과 담당자의 어려운 점에 공감하는 데서부터 시작해야 합니다.

2년 전에 서울에서 '인스타그램 데이'가 처음 열릴 때, 싱가포르에서 연락을 받았어요. 모나미가 '인스타그램 데이 서울'의 첫 번째 브랜드로 참여했으면 좋겠다는 제안이었어요. 이유는 모나미가 온라인에서 했던 여러 가지 이벤트들이 재미있었기 때문이라고 하더군요.

성공적인 행사를 위해 무엇을 해야 하는지 고민을 시작했죠. 우선 이 행사는 인스타그램 데이가 아니라 모나미 행사, 우리 행사라고 생각하기로 했어요. 그리고 행사에 오신 모든 분들을 빈손으로 보내고 싶지 않았어요. 어떻게든 감사의 표현을 하고 싶

"마케터들이
오류를 많이 범하는 이유가
경쟁상품 분석을
너무 많이 하는 거예요.
그러면
그 이상의 것을 할 수 없어요.
중요한 건,
소비자가 필요로 하는 것
회사가 잘할 수 있는 것
이것들에 집중하는 거예요."

었죠. 그래서 그냥 사진 촬영만 하고 가는 부스가 아니라, 약간의 체험을 함께하는 브랜드 팝업을 진행했어요. 많은 분들이 줄을 서서 체험도 하고 사진도 찍고 그리고 행사가 끝날때 진열되었던 펜을 모두 가져갈 수 있도록 했는데, 인스타그램 데이 담당자도 아주 만족했었습니다.

물론 실패했던 컬래버레이션도 있습니다. 저의 첫 번째 컬래버 시도였던 스타벅스인데요. 프리미엄 전략을 고민하던 시점에 스타벅스에서 매년 나오는 다이어리와 모나미 필기구를 연계하면 좋겠다 싶었거든요. 그런데 담당자를 만나기가 쉽지 않았어요. 수소문해서 약속을 잡았지만 40분 넘게 기다렸던 걸로 기억합니다. 짜증도 나고 화도 났죠. 그러다가 스타벅스 쪽 담당자를 이해해보기로 마음먹고 1시간 넘게 이야기를 나눠봤더니, 옛날에 모나미와 일을 진행했을 때 안 좋은 기억을 가진 분이더라고요. 그래서 저희가 준비했던 제안서는 꺼내보지도 못하고 죄송하다는 말씀만 드리고 쓸쓸히 돌아온 적이 있습니다.

첫 번째 제안이 실패한 건 열정과 노력만 있었지 상대의 입장에서 고민하지 못했기 때문이라고 생각해요. 그 이후로는 실패를 다시 반복하지 않으려고 소비자든 컬래버 상대든 상대편이 필요로 하는 것, 그 부분을 이해하고 공감하려고 노력했습니다. 지금은 스타벅스와 다양한 형태로 컬래버를 진행하고 있답니다.

모나미의 성공적인
컬래버레이션

모나미가 한 단계 성장할 수 있었던 컬래버 가운데는 온라인 편집숍 '29cm'와 진행한 컬래버를 빼놓을 수 없어요. 2016년 겨울 눈 오는 어느 날 29cm 담당자를 만났는데요. 그분의 열정과 진정성에 감동했었죠. 컬래버 작품은 '153 블랙 앤 화이트'입니다.

29cm는 저희보다 다양한 형태의 스토리를 만드는 기술, 방법, 프로세스 들이 월등히 뛰어났고, 제품을 촬영하는 연출법도 프로였죠. 배울 것이 많았던 컬래버였습니다. 또 모나미의 스토리를 재정립할 수 있는 기회이기도 했어요. 29cm는 브랜드의 숨은 가치를 스토리텔링 형식으로 풀어내는 브랜드 PT가 강점인데요. 이들과 협업하면서 소비자에게 시각적으로 어떻게 접근해야 하는지 많이 알게 되었습니다.

뮤지션과도 컬래버를 진행했는데요. 노브레인의 기타리스트 보보가 유성매직으로 그린 번개 그림을 활용한 컬래버였습니다. 정말 꼭 해보고 싶었던 컬래버였는데 성사돼 무척 기뻤던 기억이 납니다. 이처럼 저희가 열정을 가지고 끊임없이 고민하고 노력하면 생각했던 것들이 하나씩 현실로 이루어졌어요. 거기서 느끼는 보람이 무척 커서 컬래버레이션 작업을 즐겁게 하고 있습니다.

모나미와 배스킨라빈스가 초콜릿을 연상할 수 있는 색다른 굿즈를 만들어 판매하기도 했습니다. 초콜릿 모양 필통 안에 배

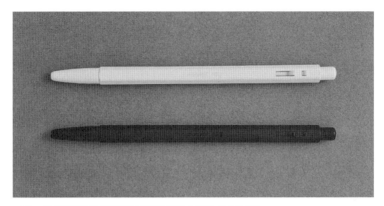

▲ 29cm와 협업하여 탄생한 '153 블랙 앤 화이트' (출처: 모나미 제공)

스킨라빈스의 인기 아이스크림 맛을 표현한 모나미 볼펜 5종을 담은 제품이었어요.

　　최근에는 컬래버레이션을 진행할 때 단순하게 판촉용이나 증정용으로 제작하지 않고, 소비자들이 소액을 내고 살 수 있는 굿즈 형태를 선호해요. 굿즈 판매 금액은 이익으로 환수하지 않고 굿즈 원가에 다시 넣어 완성도가 높고 소장 가치가 있는 제품을 만들었어요. 배스킨라빈스와 컬래버한 굿즈도 1,000원에 판매했는데, 굿즈의 퀄리티 면에서도 아주 성공적인 컬래버였습니다.

　　모나미는 현대자동차와도 협업을 했어요. 코나 출시에 맞춘 컬래버였는데요. 언뜻 자동차와 300원짜리 153볼펜과는 제품의 결이 맞지 않을 것 같지만, 괜찮은 결과물이 나왔습니다. 153볼펜의 슈퍼 노멀한 디자인이 가진 힘이 아닌가 생각합니다.

그다음으로 소개시켜드릴 건 스마트펜의 특허가 있는 기업, 네오랩 컨버전스와의 협업입니다. 저희의 숙원이었던 IT와의 만남이었죠. 그동안 저관여 컬래버를 한 경우가 많았기 때문에, 조금 더 시간을 갖고 고관여 컬래버를 진행할 계획으로 네오랩 컨버전스를 만났어요. 레트로는 그만 이야기하고 미래지향적인 이야기를 하고 싶었거든요. 첫 번째로 만든 제품이 14만 9,000원짜리 스마트펜입니다. 종이 위에 쓴 글이나 그림을 실시간으로 스마트 기기에 전송해 디지털로 저장할 수 있는 제품이죠. 디지털화한 글은 편집, 공유, 백업, 녹음, 재생, 텍스트 변환 등을 통해 다양하게 활용할 수 있습니다. 이 제품은 29cm를 통해 1,000세트를 판매했어요. 6개월 후에는 1.0버전도 출시 했고요.

컬래버 제품을 29cm를 통해 판매하는 건 유통을 고려한 건데, 일회성이 아닌 지속적인 이벤트를 위해서입니다. 그래서 많은 기업들이 모나미와 꾸준히 협업을 하고 있는 중입니다.

다음 예는 빈폴이에요. 작년이 빈폴 30주년이었거든요. 그래서 경험의 가치를 줄 수 있는 모나미 미술대회와 빈폴 키즈를 연결하는 제안서를 만들었어요. 제품과 행사를 연계해 남들이 따라 할 수 없는 컬래버레이션을 하기 위해 노력했습니다. 특별한 경험과 기억을 남기는 복합적인 형태의 확장된 컬래버는 경쟁업체에서 따라 하기 힘들기 때문에 성공할 확률이 더 높아요. 꽃 정기구독 서비스를 제공하는 '꾸까', '베네피트' 등 과도 협업을 했고요.

▲ 모나미가 컬래버하여 만든 제품들 (출처: 모나미 제공)

이외에도 정말 많은 곳과 다양한 가치를 위한 컬래버를 진행했던 것이 생각납니다.

예전에 어떤 인터뷰 때 모나미 마케팅 팀은 몇 명이 있길래 컬래버를 이렇게 많이 하느냐는 질문을 받은 적이 있었는데요. 저희는 중견기업이다 보니 소수의 마케터만이 근무하고 있습니다. 저는 카테고리별로 중요한 레퍼런스가 될 만한 컬래버를 진행하고 있습니다. 그걸 참고해 다른 마케터들이 다른 제안을 하고, 제가 그걸 받아 또 다른 제안을 하는 거죠. 공유가 중요합니다.

컬래버를 많이 하다 보니, 제품이 아닌 공간에 대한 컬래버 제안을 받기도 했어요. 코오롱인더스트리FnC에서 한남동에 있는 플래그십 스토어 '시리즈 코너' 매장의 중앙 공간을 2개월 동안 무상으로 제공해 주셨어요. 이 공간을 모나미에게 제공해 준 이유는 단순한 브랜드 홍보관을 하라는 게 아니고 차별화되고 이색적인 팝업을 원하는 것이라고 생각해서, 저희 제품 소개는 하지 않았습니다. 그 대신 '스토리랩' 팝업을 꾸려 모나미 제품을 활용한 드로잉 클래스와 만년필용 잉크를 고객이 직접 제작하는 잉크랩을 진행했습니다. 최근에는 코로나19로 인해 온라인 클래스를 컬래버로 진행하고 있습니다. '하비풀'이라는 플랫폼 비즈니스 회사와 강사, 그리고 모나미가 모여 기획하고 상품을 만들고 각자 자기 역할에 맞는 홍보를 해 성공적인 판매가 이뤄졌어요.

열정, 사고, 몰입, 감동

마지막으로 성공적인 컬래버레이션을 위해서는 내부의 허들을 극복해야 한다는 말씀을 드리고 싶어요. 우스갯소리로 임원들과 저의 관계는 로또와 같아요. 그만큼 맞지 않습니다. 항상 설득하는 데 어려움을 겪는데요. 이러한 내부 고객들에게 신뢰를 쌓는 것이 중요합니다. 특히 컬래버레이션이 한 번의 이벤트가 아니라 지속가능한 성장 엔진이 되기 위해서는 내부 고객과의 공감대가 필요해요. 저는 월례 조회나 팀장 회의, 신규사원 교육 등 기회가 있을 때마다 지금과 같은 내용을 계속 소개합니다.

또 외부에서 들려오는 칭찬이 내부 고객들에게 신뢰를 쌓는

데 도움이 많이 되거든요. 그래서 2개월 동안 준비해서 2018년 디자인코리아 디자인 경영대상 국무총리상을 수상하여 외부에서 많은 축하 메시지를 받기도 했습니다. 이런 과정들을 통해 마케팅 팀 혼자서 컬래버레이션이나 마케팅 업무를 하는 것이 아니라 다 함께 하는 것이라는 느낌을 내부 고객에게 계속 전달하고 있어요. 모나미는 60년이나 된 기업이기 때문에 변화하지 않으려는 부분들이 분명히 있어요. 컬래버레이션 작업은 그것을 극복하는 데 확실히 효과적입니다.

이제 '열정', '사고', '몰입', '감동'의 네 단어를 끝으로 강연을 마치고자 합니다. 열정을 가지고 충분히 사고하고 끊임없이 몰입한다면 상대방에게 감동을 줄 수 있습니다. 절대로 나를 위한 마케팅, 자기 회사를 위한 마케팅을 하지 마시고, 인간 중심에서 문제 해결을 위한 노력을 하시길 바랍니다. 그러면 성공하는 마케터가 될 수 있을 것입니다.

모나미의 성장 노하우: 경험과 브랜딩

- 밀레니얼은 성공보다 성장에 더 가치를 둔다. 성장을 위해서는 다양한
  경험이 필요하다.
  → 모나미의 마케팅: 경험의 가치를 추구
- 2015년부터 경험을 제공하는 '콘셉트 스토어' 시작
- 슈퍼 노멀: 평범해서 특별하다. 예) 153볼펜
- 모나미 60주년 메시지: 평범하더라도 화려하지 않더라도 진정성을 가지
  고 본질에 집중한다면 그 평범함은 특별함이 됩니다.
- 프리미엄 전략의 브랜딩
  • 모나미가 제일 잘할 수 있는 것의 본질에 대해 고민
  • 단순한 필기구가 아닌 소장가치 높은 프리미엄 제품 출시
  • 새로운 브랜드 론칭 대신 기존 브랜드 고급화 전략
- 모나미와 모나미 고객을 잘 이해하는 내부직원으로 마케팅 팀 구성

돈 버는 마케팅을 잘하고 싶다면

- 제품
  • 마케팅에서 가장 중요한 것은 '제품'
  • 새로운 경험의 가치를 전달할 수 있는 제품: '모나미 153 DIY 키트',
  '워크룸 키트'
- 스토리
  • 마케터는 스토리텔러가 되어야 한다.

- 문구회사가 아니라 콘텐츠를 통해서 경험을 파는 회사로 포지셔닝
- 콘셉트 스토어마다 차별화된 스토리

디자인 씽킹

- 확장된 사고
  - 프러스펜: 물에 잘 번지는 단점을 장점으로 활용
  - 필기하다 → 그리다, 칠하다로 패러다임의 변화
  - '트래블 아트 키트': 밀레니얼 키워드인 '여행'과 관련하여 기존 제품을 잘 조합함
- 관찰
  - 상품 개발, 문제 해결 시: '플라이 온 더 월'
  - 향수 키트에서 힌트를 얻어 '잉크 DIY 키트' 개발
- 인간 중심
  - 문제 해결을 위해서는 인간 중심적인 사고가 필요
  - '키친 마카', '물기에 잘 써지는 마카'

성공적인 컬래버레이션

- 크리에이터 공감: 상대 기업이 필요로 하는 것을 이해하고 공감해야 함
- 인터널 콜라보: 회사 내부의 허들을 극복해야 한다
- '열정'을 가지고 충분히 '사고'하고 끊임없이 '몰입'한다면 상대방에게 '감동'을 줄 수 있다.

앞서 가는 컬래버는 CU에 다 있다! 컬래버레이션은 어떻게 기획되나

신아라, BGF리테일 콘텐츠 마케터

편의점 CU의 콘텐츠 마케팅을 담당하고 있는 신아라입니다. 트렌드분석팀에서 SNS 데이터 분석가로서 4년, 마케팅팀에서 3년의 경험을 통해 고객 데이터를 기반으로 고객을 이해하고 콘텐츠로 이야기를 건네는 일을 하고 있습니다. 편의점은 가장 가까이서, 가장 빠르게 트렌드를 만날 수 있는 플랫폼입니다. 그만큼 편의점 CU의 마케터로서 고객의 니즈와 트렌드에 빠르게 적응해야 했습니다. 이러한 편의점 업계에서 콘텐츠 마케팅을 하고 있는 제 경험을 공유해드리도록 하겠습니다.

CU의 전략:
컬래버 플랫폼이 되자

먼저 CU에서 어떤 전략으로 콘텐츠를 기획하고 있는지 실제 사례들을 통해 말씀드릴게요. 편의점의 핵심 성공요인은 접근성과 편의성 2가지였습니다. 편의점에 가는 이유는 가깝기 때문이죠. 편의점이 멀리 있다면 굳이 찾아갈 이유가 없어요. 또 24시간 운영이라는 편의성 역시 편의점만의 장점이었습니다. 접근성과 편의성과 더불어, 이제는 쏟아져 나오는 신상품, 1+1이나 통신사 할인과 같은 혜택 그리고 점포에 입장했을 때의 신선한 경험을 아우르는 '콘텐츠'가 핵심 성공요인이 되고 있습니다.

그렇다면 콘텐츠 마케팅을 어떻게 잘할 수 있을까요? 정답은 아니겠지만 저희는 환경에서 답을 찾아보았습니다. TV나 라디오 같은 레거시 미디어에서 뉴미디어로 옮겨가면서 소비자들은 자기가 원하는 콘텐츠를 선택하기가 쉬워졌어요. 또 소비자들의 반응에 대해 즉각적으로 인터렉션할 수 있게 되었습니다. 그리고 예전에는 SNS를 싸이월드, 버디버디, 네이트온처럼 관계 추구를 위해서 사용했지만, 지금은 SNS를 나의 신념을 표출하는 장으로 사용하고, 원하는 정보를 얻기 위한 채널로 사용하고 있어요. 이렇게 미디어 환경이 바뀌었는데도 어쩌면 우리는 TV 세대와 똑같은 식으로 일을 하고 있는지도 몰라요. '짧은 시간에 어떻게 우리가 하고 싶은 말을 전달할까? 우리가 팔려고 하는 상품의 판매 포인트는 뭘까?' 이런 식의 접근법일 때가 많은 거죠. 이런 방법으로는 성공할 수 없는 데도 말이죠.

뉴미디어 환경에서는 일단 고객이 보고 싶고 듣고 싶어 하는 이야기를 해 줘야 합니다. 그리고 고객이 그 이야기에 반응하게 만들어야 하고, 나아가 참여하고 친구한테 공유하고 싶게 콘텐츠를 만들어야 합니다. 그런데 이게 말이 쉽지 어려운 일이잖아요. 저희 혼자 힘으로는 할 수가 없었습니다. 그래서 CU에서 선택한 전략은 컬래버레이션이었습니다.

저희는 콘텐츠 컬래버레이션을 위해 3가지 체크리스트를 만들었어요. 첫 번째는 타이밍이에요. 마이크로트렌드가 끝나기 전에 해야 된다는 거죠. 두 번째는 콘셉트인데요. 단순하고 명료해야 해요. 콘셉트가 복잡하면 사람들은 주목하지 않거든요. 세 번째는 파급력입니다. 컬래버를 한 양사뿐만이 아니라 사람들이 알 수 있는 임팩트 있는 컬래버를 해서 소비자들이 자발적으로 공유하도록 만들어야겠다고 생각했습니다.

CU의 콘텐츠 컬래버 전략은 나무나 플라스틱 안에 모래를 넣어서 어린이들이 다치지 않게 놀도록 만든 샌드박스에 비유할 수 있어요. 소비자도 파트너도 CU라는 샌드박스 안에 들어와서 신나게 놀 수 있도록 하는 거죠. 즉 CU는 '파트너와 소비자에게 가장 빠르고 트렌디하게, 참여와 입소문을 부르는 놀거리를 제공하는 컬래버 플랫폼이 되자'는 전략으로 콘텐츠 컬래버를 하고 있습니다.

2019 리뷰: "빌드 업"

키크니 X CU: '1+1'과 '원풀었으원'

이제 작년과 올해 진행했던 콘텐츠 컬래버 리뷰를 해볼 텐데요. 사실 2019년에는 잘된 게 많이 없었어요. 하지만 거기서 배운 교훈들을 짧게 설명하겠습니다.

인스타그램 크리에이터 중에 '키크니'라는 만화가가 있습니다. 댓글에 올라온 내용을 기반으로 만화를 제작해주는 분인데요. 키크니와 컬래버를 한 이유는 소비자의 참여와 공감을 이끌어내는 그만의 소통방식과 따뜻한 B급 감성에 반했기 때문이에요.

예를 들면, '다이어트로 스트레스 받는 제 배를 보고 동생 있냐고 하는 4살 아들의 말에 제 몸은 무슨 생각을 할까요?'라는 댓글에 '미운 내 살'이라는 일러스트로 대답을 해주는 식이에요. 그러니까 소비자와 티키타카하는 장점을 갖고 있는 분이죠.

저희의 미션은 5월 가정의 달을 맞아 가족들과 나눠먹을 수 있도록 100개 정도 1+1 상품을 증량해 대규모 1+1 행사를 진행하는 거였어요. 이때 키크니가 아주 재밌는 콘셉트를 제안했어

"뉴미디어 환경에서는 일단
고객이 보고 듣고 싶어 하는
이야기를 해 줘야 합니다.
고객이 그 이야기에 반응하게
만들어야 하고,
참여하고 친구한테 공유하고
싶도록 해야 합니다.
그래서 CU에서 선택한 전략은
컬래버레이션이었습니다."

▲ 키크니와 컬래버한 '1+1으로 원풀었으원' 행사 포스터 (출처: CU 페이스북)

요. 1+1이 아니라 '원풀었으원'으로 콘셉팅을 해보자고 해서 온 오프라인에 동시에 전개했어요.

그런데 조금 기이한 현상이 발생했어요. 점포에 붙은 포스터를 떼어가는 고객분들이 생긴 것입니다. 광고 포스터임에도 불구하고 방에다 붙이고 싶다는 거죠. 이때 소비자들은 흥미롭고 재미있다면 기업의 광고라도 적극적으로 수용한다는 걸 깨달았어요.

2019년 5월 네이버에서 'CU 행사' 모바일 검색량이 전월 대비 167% 늘어났어요. 참고로, 네이버 광고에 들어가 광고주 등록을 하면 본인 브랜드나 행사에 대한 네이버 검색량이 얼마나 되는지 확인할 수 있습니다.

소비자들이 온오프라인 채널을 통해 행사를 접하고 모바일로 검색을 하게 함으로써 CU 행사에 대한 인지도 제고에 효과를 본 케이스였습니다.

개식이 X CU: 대한민국 역사를 MZ 감성 굿즈로

다음 사례는 역사 디자이너 '개식이'와의 컬래버입니다. 개식이란 '개념과 의식 있는 이들'이라는 뜻이고요. 저희는 텀블벅에서 이 디자이너를 처음 접하게 되었습니다. 무궁화나 태극기 등 한국의 심벌을 감성적이고 아름다운 디자인으로 풀어냈다는 인상을 받았습니다. 대한민국의 역사를 MZ 감성 굿즈로 알리는 선한 영향력을 가진 디자이너였죠. 그래서 광복절을 맞아 일상에서 독립을 다시 새길 수 있는 컬래버 굿즈를 만들었어요.

이 굿즈의 대한독립 심볼을 보면 CU의 느낌이 하나도 나지 않아요. 브랜드 홍보 보다 독립을 일상에 다시 새기자는 메시지에 집중하고 싶었습니다. 그래서 CU의 심볼 컬러인 보라색과 연두색만 딱 적용해달라고 요청했어요. 굿즈는 티셔츠, 독립선언문 등으로 구성했는데, 이벤트 참여방법은 2가지였어요. 하나는 카톡이나 인스타그램 같은 개인 SNS의 프로필 사진을 대한독립 심볼로 바꾸는 것, 또 하나는 CU에서 국산제품 하나를 구매하는 것이었어요. 둘 중에 하나만 해도 굿즈를 증정하는 아주 단순한 참여방법으로 진행했습니다. 짧은 기간 동안 진행한 행사였는데도 참여자 수가 6,000명 이상, 좋아요가 15만 회가 나오는 좋은 결과를 얻을 수 있었습니다. 선한 의도에 공감해준 소비자와 미디어, 그리고 단순한 이벤트 참여방법으로 성공한 기획이었습니다.

이러한 결과에 힘입어 개식이와 컬래버 2탄을 준비했어요. 독도의 날 굿즈를 만들었는데, 1탄보다는 참여가 저조했습니다. 광복절 이벤트와 비교해 참여자 수가 3분의 1로 줄어든 거예요. 왜 그랬을까요? 독도의 낮과 밤을 그려놓은 생태계 지도를 콘셉트로 탁상달력을 만들었는데, 이게 콘셉트가 복잡해 한눈에 뭔지 알아볼 수가 없었어요. 게다가 요즘 사람들은 탁상달력을 사용하지 않아요. MZ세대의 소장욕구를 자극하는 데 실패한 거죠. 만약 작년으로 돌아간다면 달력이 아니라 소장욕구가 생길 만한 다이어리나 접근성이 높은 모바일 다이어리 APP에 활용할 수 있는 굿즈로 진행했을 것 같아요. 어쨌든 MZ세대의 취향저격에 실패하면 안 된다는 교훈을 얻었어요.

2019년에 컬래버를 시도하며 배운 건, 'MZ세대를 파고들자', '영상을 기반으로 한 커뮤니티 플랫폼이 필요하다', '의사결정의 시작과 끝은 데이터'라는 것입니다. 이러한 결론을 얻고 올해 본격적으로 임팩트 있는 콘텐츠 컬래버를 적극적으로 시도하고 있습니다.

2020 리뷰
"임팩트"

웹소설과의 컬래버 : 레전드 인소 작가 백묘 X CU

요즘을 '끌올 시대'라고 하는데요. 옛날에 즐겼던 문화를 끌어올려 다시 갖고 노는 시대라는 의미입니다. 유재석, 이효리, 비가 함께하는 '싹쓰리'도 끌올 코드죠. 저희가 주목했던 건 2000년대 초반에 핫했던 싸이월드와 인터넷소설(인소) 감성이에요.

'왜 울었는데? 양파 썰다가. 내가 양파냐.' 이런 식의 오그라드는 그 시절의 감성에 주목했고, 인소 작가들과 접촉했어요. 그러다가 《신데렐라와 4명의 기사》라는 소설로 유명한 백묘 작가와 만나 《7942》라는 웹소설을 만들었어요. 요즘 공간인 편의점을 배경으로 2000년대에 유행했던 오그라드는 감성을 재현하고자 했습니다. 여자 주인공은 편의점 알바생인 '하루'이고, 주인공 하루를 두고 친구 둘이 벌이는 삼각관계를 그렸죠. 백묘 작가의 검증된 오글거리는 스토리에다, 소설 속에서 상품의 노출은 홍보 목적이 아닌 웃음을 위한 장치로만 사용해, 광고성 콘텐츠가 아닌 스토리로서의 콘텐츠가 되도록 했습니다. 비주얼은 2000년대 감성으로 화면 2분할을 해서, 이미지를 위에 텍스트를 밑에 두어 한눈에 보고 느낄 수 있도록 도왔어요.

그리고 미디어 전략에 정성을 쏟았어요. 인스타그램에 킬링 포인트를 노출하고, 풀버전은 네이버 포스트에 연재했고요. 네이

버 웹소설 챌린지리그에 등재하기도 했습니다. 그랬더니 총 6부
작의 인스타그램 콘텐츠에 3만여 개의 좋아요, 댓글, 공유가 달
리면서 댓글놀이가 시작됐어요. 옛날에 미니홈피에 좋은 글귀가
있으면 '퍼가요~♡'라고 댓글을 달았잖아요. 그런 댓글들이 쭉
달리며 컬래버의 성공을 확인시켜 주었어요. 《7942》는 네이버
포스트에서 인기 콘텐츠로 선정이 되었고, 'The PR' 등 마케팅 저
널에 소개되기도 했습니다.

유튜버와의 컬래버: 김계란 X CU 빡텐션

다음 사례는 구독자 200만이 넘는 유튜브 채널 '피지컬 갤러
리'를 운영하는 김계란과 컬래버예요. 김계란 님의 채널 피지컬
갤러리는 운동과 관련된 다양한 상식과 정보 등을 재미있는 콘텐
츠로 공유해 인기를 끌었습니다. 저희는 김계란과 컬래버로 '빡
텐션'이라는 음료를 만들었어요.

화제성 있는 인플루언서와 협업한 상품이고 편의점에서 단
독으로 판매하는 상품인데, 의외로 CU에서 판매하는 상품이라는
것을 모르는 분들이 많았습니다. 그 원인을 찾아보니, 빡텐션을
검색하면 빡텐션을 판매하는 인터넷 쇼핑몰이 노출되는데, 연관
검색어에 CU는 전무하더라고요. 그래서 김계란, 빡텐션, CU 3개
의 키워드를 연결하는 기획을 하기로 했죠.

김계란이 빡텐션을 먹고 CU에서 알바를 한다는 콘셉트가
나왔어요. 그런데 시간이 너무 촉박했어요. 아이디어가 나온 직

후 촬영을 하게 되어 포토샵도 아니고 그림판으로만 콘텐츠를 만들 정도로 정신없이 진행됐죠. 그런데 이 콘텐츠에 좋아요가 1만 5,000개가 넘게 달리고 인터넷 신문 '인사이트'에 기사가 떴어요.

이 때 실시한 이벤트는, 강남 CU 어딘가에서 편의점 일일 알바를 하는 김계란을 발견하고 빡텐션을 외치며 스쿼트를 3번 하면 빡보틀이라는 굿즈를 증정하는 거였어요. 그때 나왔던 '편의점 알바생 김계란의 하루'라는 유튜브 썸네일의 노출 클릭률이 9.9%였어요. 평균이 4~5%대니까 9.9%면 상당한 수치예요. 김계란이 편의점 알바를 한다는 의외성에 주목한 거죠.

해당 콘텐츠는 좋아요, 댓글, 공유가 2만여 개가 달렸고, 커뮤니티에 엄청 돌아다니는 짤이 되었습니다. 이 컬래버에서 저희가 느낀 건, 소비자들이 듣고 싶은 이야기, 의외성이 있는 신선한 이야기를 해야 한다는 거였어요.

라이브 커머스 컬래버: 11번가 X CU 델라페 아이스 라이브 쇼핑

다음 사례는 라이브 커머스입니다. 요새 라이브 쇼핑을 많이 하면서 브랜드 마케터들은 라이브 커머스에 대한 미션을 많이 받을 텐데요. 저희도 마찬가지였어요. CU에서 가장 잘 팔리는 음료 '델라페'를 11번가와 협업해 라이브 방송(라방)으로 판매해보자고 기획하고, 개그우먼 이은형, 허안나를 섭외했어요. 라이브 쇼핑 이벤트 페이지 뷰가 50만 회가 나올 정도로 결과가 좋았고, 델라페 아이스 3만 개가 2시간 만에 모두 팔렸어요. 채팅 수도 862회

▲ 11번가와 협업하여 판매한 델라페 아이스 3종 (출처: 씨유튜브)

였습니다.

　이때 라방은 저희 유튜브 채널에서 하고 판매하는 채널은 11번가여서, 채널이 이원화돼 꽤 불편한 구조였어요. 그런데도 불구하고 기꺼이 불편함을 감수하게 하는 재미요소가 있으니까 성공하더라고요. 라이브 쇼핑의 목적을 직관적으로 표현하는 델라페 컵아이스 모양 소품을 활용해 딱 봐도 음료에 대한 방송이라는 걸 알 수 있도록 했거든요. 이러한 비주얼이 첫째 성공 포인트였고, 또 빠른 댓글 리젠(Regen)을 부르는 참여형 이벤트도 또 하나의 성공 포인트였습니다. 즉석에서 댓글로 델라페 아이스를 어떻게 하면 가장 맛있게 즐길 수 있는지 레시피를 적어달라고 하니까, 댓글이 엄청나게 빠른 속도로 달리더라고요.

　마지막 성공 포인트는 친근감을 주는 열려 있는 구성이었습다. 여기에는 진행자의 역량이 큰 몫을 했죠. 보통 라이브 커머스는 영상 송출, 섭외 등등으로 예산이 많이 소요되다 보니 기획에 힘이 들어가는 경우가 많아요. 이것도 잘 해야지, 저것도 잘 해야지 하다 보면 구성이 아주 반듯해지죠. 만약 저희도 그렇게 했다면 성공하지 못했을 거예요. 저희 라방에서는 진행자가 CU의 '쫀득한 마카롱'을 너무 좋아한다면서 카메라 앞으로 다가와서 마카롱 먹방을 해서 시청자의 웃음을 자아냈습니다. 전혀 논의된 바가 없었던 장면이죠. 이런 식의 열린 구성에 시청자들이 반응을 했고 호응이 좋았습니다.

유튜브 콘텐츠 컬래버: 같이 노는 커뮤니티 만들기

마지막 케이스는 유튜브를 통한 콘텐츠 컬래버 사례입니다. CU의 유튜브 채널 '씨유튜브'는 이제 구독자 30만을 갓 넘긴 채널이에요. 씨유튜브의 다양한 콘텐츠가 시청자들에게 반응을 얻고 있습니다.

CU의 유튜브 콘텐츠 전략은 3가지입니다. 첫 번째는 '소비자의 관심사를 반영을 해야 한다'는 거예요. 저희가 소비자의 관심사를 알아내는 방법은 크게 2가지인데요. 하나는 유튜브 검색창에 비즈니스 키워드를 입력해보는 거예요. 그러면 거기에 연관 검색어처럼 딸려오는 것들이 있거든요. 거기서 단초를 많이 얻고요. 또 하나는 구글 트렌드 등 트렌드를 모니터링할 수 있는 사이트를 참고하는 거예요. 이 외에도 다양한 조사를 통해 트렌드를 캐치합니다.

트렌드 모니터링을 통해 저희의 레이더망에 걸린 것 가운데 하나는, 사람들이 더 이상 생각하는 콘텐츠를 보지 않고 멍 때리면서 볼 수 있는 단순 반복 콘텐츠를 좋아한다는 거였어요. 그래서 CU 편의점의 상품이 만들어지는 과정을 자막 하나 없이 통째로 보여주는 영상을 만들었어요. 식빵 자르고 잼 바르는 단순한 내용이 반복되는 'CU 샌드위치 제조 과정' 영상이었어요. 이 영상의 총 조회 수가 30만 회가 넘게 나왔어요. 씨유타임즈 마카롱 편은 조회 수 150만을 돌파했습니다. 수천 명의 자발적인 댓글을 불러일으켰고 마카롱 매출도 좋은 영향을 주고 있습니다.

이만큼 소비자의 관심사를 반영하는 게 중요합니다. 소비자의 관심사를 반영한 영상을 통해 소비자에게 안전하고 청결한 CU 상품 제조과정도 자연스레 알릴 수 있었죠.

유튜브 콘텐츠 전략 두 번째는 '시리즈형 콘텐츠 IP 개발'이에요. '씨알템'이라는 콘텐츠는 실제 CU 알바생이 나와서 CU의 아이템을 추천해주는 내용이고요. '단짠단짠 요정사'라는 웹드라마도 시도했어요. 시리즈 작업이 중요한 건, 정해진 요일과 시간에 콘텐츠가 업로드된다는 데 대한 기대감을 안고 재방문을 하게 만들기 때문이에요.

마지막 전략은 '인플루언서와 활발하게 컬래버를 하는 것'입니다. 브랜드 메시지를 가장 유튜브 스타일에 맞게 전달할 수 있는 인플루언서와 컬래버하는 것이 중요합니다. 단, 인플루언서의 이미지가 상품, 나아가 브랜드에까지 영향을 미칠 수 있기 때문에 신중하게 결정해야 합니다.

성공 사례로, 장도연과 컬래버로 진행한 '도연이네 편의점'은 누적 조회 수가 60만 회 이상 나왔습니다. 이 시리즈의 인기 비결은 장도연 씨의 자연스러운 애드립이라고 생각합니다. 장도연 씨가 CU 점포를 방문하고, 운영하며 자연스럽게 느낀 점을 이야기해주셨기 때문에 보는 사람들도 자연스럽게 웃을 수 있었죠. 헐거운 기획이 소비자가 놀 수 있는 틈이 되고, 그게 자발적인 버즈 마케팅으로 이어지는 것 같습니다.

대학생 크리에이터 '미미미누'와 컬래버를 할 때는, 이분이 편의점 영역 일타강사 콘셉트로 기획을 직접 낼 정도로 열정적이어서 저희는 판을 깔아주기만 했어요. 그랬더니 편의점에서 할인받는 꿀팁을 계산식까지 적으며 연구해 알려주는 거예요. 이렇게 크리에이터의 자발적인 기획이 들어갈 때 성공한다는 것도 알게 되었습니다.

CU의 컬래버는
계속된다

CU의 콘텐츠 컬래버는 앞으로도 계속될 예정입니다. 고객들이 오프라인 CU 점포뿐만 아니라 온라인 CU에서도 다채롭고 재미있는 경험을 할 수 있도록 다양한 콘텐츠를 개발해 나갈 것이고, 그 방향성에 공감해주는 파트너들과 협업을 지속해나갈 것입니다. 궁극적으로는 CU라는 브랜드 자체를 재미있게 가지고 놀 수 있도록 하는 것이 목표입니다.

지금까지 CU의 컬래버에 대해 많은 이야기를 드렸는데 네 가지로 간추릴 수 있습니다. 첫 번째, '컬래버하는 파트너와 우리 브랜드의 핵심적인 교집합을 찾으라.'는 겁니다. 교집합이 없다면 교집합을 만드는 콘텐츠를 찾아야 하고요. 두 번째는 '고객의 관심사와 트렌드를 빠르게 반영하자.'입니다. 세 번째는 '베타 전략'인데요. 베타 전략이란 알파에 집착하지 말라는 거예요. 퀄리티보다 타이밍이, 질보다 양이 중요할 수 있다는 거죠. 왜냐하면 언제, 어떤 걸로 소비자가 터질지 모르니까요. 마지막 네 번째는 'B급으로 콘텐츠를 만들되, 광고 예산이 많든 적든 미디어 전략은 A급으로 치밀하게 준비하라.'는 겁니다.

고객에게 즐거움을 줄 수 있는 컬래버레이션은 기획자가 즐기며 기획할 때 나온다고 생각합니다. CU가 웹 소설, 오디오 드라마 등 다양하고 실험적인 콘텐츠 컬래버를 선보일 수 있는 원동력은 대리급과 같은 젊은 실무진도 눈치 보지 않고 자유롭게 의견을 낼 수 있는 분위기죠. MZ세대 취향 저격 콘텐츠를 위해 앞으로도 참신한 시도를 할 계획입니다. 앞으로도 CU의 컬래버를 기대해주시기 바랍니다.

CU의 콘텐츠 컬래버 전략

– 콘텐츠 마케팅 방향성

  • 소비자가 보고 싶어해야 함

  • 소비자의 반응을 이끌어낼 수 있어야 함

  • 소비자가 참여, 공유하고 싶어야 함

– 콘텐츠 컬래버 핵심요소

  • 타이밍: 마이크로트렌드, 밈, 주목도

  • 콘셉트: 의외의 조합, B급, 단순함

  • 파급력: 임팩트, MZ세대, 자발적 공유

– 콘텐츠 컬래버 전략

  파트너와 소비자에게 가장 빠르고 트렌디하게, 참여와 입소문을 부르는

  놀거리를 제공하는 컬래버 플랫폼이 되자

~2019 콘텐츠 컬래버 케이스 "빌드 업"

– 키크니×CU: 5월 가정의 달 맞이 '원플었으원'

  • 참여와 공감을 이끌어내는 소통방식과 따뜻한 B급 감성

  • 소장욕을 부르는 참신한 홍보물

  • CU 행사 모바일 검색량 전월 대비 167% 신장

– 개식이×CU: 8·15 광복절 맞이 '일상에 #독립_다시새기다'

  • 대한민국 역사를 MZ 감성 굿즈로 알리고 수익 기부

  • 선한 의도에 공감해 준 소비자와 미디어

- 2019년의 교훈
  - 타깃: MZ세대를 파고들자!
  - 플랫폼: 영상 기반 커뮤니티 필수불가결
  - 의사결정: 시작과 끝은 데이터로부터

2020 콘텐츠 컬래버 케이스 "임팩트"

- 백묘×CU: 인터넷소설 《7942》

  레전드 인터넷소설 작가 백묘와 컬래버

  홍보를 위한 콘텐츠가 아닌 스토리로서의 콘텐츠
- 김계란×CU: 신개념 고카페인 음료 '빡텐션' 출시
  - 고객이 듣고 싶어 하는 이야기, 참여하고 싶어 하는 이벤트로 인식의
    교집합 만들어주는 컬래버 콘텐츠
  - 빡텐션 바이럴: 강남 CU에서 일일 알바를 하는 김계란을 만나 빡텐션
    스쿼트 챌린지 진행
  - 유튜브 썸네일 노출 클릭률 9.9%
  - 소셜 저널과 커뮤니티 이슈화
- 11번가×CU: '델라페 아이스' 라이브 쇼핑
  - 델라페 아이스 2시간 만에 3만 개 완판
  - 성공 포인트: 라이브 방송의 목적을 직관적으로 보여주는 비주얼
    빠른 댓글 리젠을 부르는 참여형 이벤트
    친근감을 주는 열려있는 구성
- 유튜브 콘텐츠 컬래버
  - 구독자 30만 채널 씨유튜브 기반의 콘텐츠 컬래버
  - 많은 고객이 찾아오고, 같이 노는 커뮤니티 지향

- 유튜브 생태계의 다양한 플레이어와 콘텐츠 협업
- 유튜브 콘텐츠 전략: 소비자 관심사 반영/시리즈 콘텐츠 IP 개발/인플 루언서와의 컬래버

요약

- 파트너와 우리 브랜드의 핵심적 교집합 찾기
- 고객의 관심사와 트렌드를 빠르게 반영하기
- 베타 전략: 퀄리티보다 타이밍, 질보다 양
- B급 콘텐츠로 A급 미디어 전략을 실행하라

유행의 중심, 패션업계 컬래버레이션 트렌드는 진화한다

김홍기, 패션 큐레이터

패션 큐레이터 김홍기입니다. 제 직업이 큐레이터다 보니 인문학과 미술을 접목해 패션업계 컬래버레이션에 관해 이야기해보려고 합니다.

컬래버의 역사는
생각보다 오래되었다

프랑스 화가 필립 카랑드르의 〈황소자리(Taurus)〉라는 작품을 먼저 소개할게요. 꿈과 목적을 향해 저돌적으로 돌진하며 힘과 권력을 쟁취하기 위해 달려가는 황소자리 사람의 내면에 나비의 날개짓 같은 불안함이 있다는 걸 표현한 작품입니다.

이 작가가 황소의 가슴에 나비를 심을 때 영감을 준 장소가 파리의 '데롤(Deyrolle)'이라는 곳이에요. 1831년에 문을 열었는데, 지금은 소형 자연사박물관 같은 곳이에요. 곤충 표본, 동물 박제 등이 있고, 멸종동물 보호, 자연보호 운동을 하고 관련한 교육프로그램도 있어요. 이곳의 나비 표본이 세계적으로 유명해요. 이곳에 2004년에 창립한 '베자(Veja)'의 CEO가 왔다가 나비를 보고 크게 영감을 얻었다고 해요. 이 회사는 프랑스가 본사지만 브라질에서 신발을 만들어요. 브라질 북부에서 나오는 오가닉면, 아마존 삼림에서 채취한 천연고무로 친환경 스니커즈를 만들고 있죠. 2018년에 데롤과 베자의 컬래버 신발이 나왔는데, 유럽경영대학원에서 이 사례를 컬래버의 좋은 예로 꼽고 있어요.

우리가 흔히 컬래버를 할 때 목표로 삼는 건 다른 업종의 사람들이 서로 뭉쳐서 공동의 제품을 만들고 공통의 체험을 하게 하는 것이잖아요. 그런데 요즘은 브랜드가 예술가, 혹은 미술관이나 박물관, NGO와도 손을 잡아요. 기존의 틀에서 벗어나는 거죠. 데롤과 베자는 별 관계가 없을 것 같지만 자세히 보면 공통의 목표가 있어요. 기후변화, 멸종동물과 곤충에 대해 주의를 환기하고 지속가능성에 대한 목소리를 함께 내기 위한 컬래버였어요. 그래서 사람들한테 주목을 받았던 거고요.

컬래버레이션은 최근에야 생긴 게 아니에요. 브랜드 전략으로만 말할 수도 없고요. 왜냐하면 항상 희소자원을 가지고 살아온 인간은 자원을 공동으로, 새로운 방식으로 함께 써야 했어요.

▲ 필립 카랑드르의 〈황소자리〉

그게 인간의 역사고 문명입니다. 우리는 지금 컬래버의 문법을 브랜드의 언어로 풀고 있지만, 이런 것들이 정립되지 않았던 시대에도 컬래버를 실험했던 사람이 있습니다. 18세기로 가보겠습니다.

18세기 컬래버레이션:
프렌치 시크를 팔다

마담 퐁파두르는 루이 15세의 소울메이트 같은 사람이었어요. 또 18세기의 문화, 예술, 패션, 인테리어 등의 방향성을 정해

준, 지금으로 치면 구찌의 크리에이티브 디렉터 같은 사람이었죠.

이 사람의 초상화를 보면 자기 방의 쇼파에 기대 있는데, 뒤에는 책장과 금시계, 옆에는 협탁이 있어요. 미술 공부를 한 사람도 이 그림의 뜻을 제대로 모르는 경우가 많은데요. 초상화 속의 가구들이 모두 컬래버한 것들이에요. 퐁파두르가 아트 디렉터로서 가구 디자이너, 시계 제작업체 등과 협업해서 공동으로 제품을 만들고 배치한 뒤, 광고 촬영하듯 그린 초상화인 거예요. 퐁파두르의 손목에 찬 진주 뱅글도 무척 눈에 띄죠. 이것을 옛날 그림이라고 생각하지 말고 인스타그램에 올라온 사진이라고 생각해보세요. 아마 좋아요가 수십만 개 달렸을 거고, 진주 뱅글 공구 문의도 쇄도했을 거예요.

퐁파두르도 그걸 노렸어요. 진주 뱅글도 컬래버한 건데, 베르사유 궁에서 보석 브랜드와 협업해서 만든 거라고 해요. 그 업체는 궁과 협업해서 제품을 만들었으니 프리미엄 라인을 만드는 업체가 된 거죠. 18세기에 이러한 컬래버 실험이 벌써 이뤄진 겁니다. 퐁파두르는, 1723년에 오스만 터키에서 만들어 프랑스가 수입한 쇼파를 컬래버와 리터치를 해서 자기 집 중앙에 두기도 했어요. 쉽게 얘기해 공간과 가구의 큐레이션까지 한 거예요. 또 초상화 속 협탁 역시 컬래버한 것으로, 합판을 제조하는 회사와 도금 기술이 있는 회사를 컬래버시켜 만든 제품이에요.

그러면 제품들은 어떻게 팔았을까요? 인형 업체와 컬래버해서 퐁파두르의 몸을 30cm짜리 인형으로 만들고, 이 구체관절 인형에 옷을 만들어 입혔어요. 드레스뿐만 아니라 코르셋, 힐까지 착용한 인형을 전 유럽에 뿌렸죠. 이 옷은 사이즈만 크게 하면 실제 사람이 입을 수 있는 옷이어서, 인형을 본 사람들이 너도나도 옷을 구입했습니다. 이렇게 퐁파두르는 컬래버에 더해 유통채널을 확장시킨 사람이었어요. 퐁파두르 인형을 만들던 곳이 오늘날 명품들이 모여 있는 파리 포부르 생토노레 거리예요. 이 거리 24번지에는 제가 좋아하는 브랜드, 에르메스가 있어요.

에르메스:
협업할 때 기억할 것들

이제 에르메스 이야기를 해볼게요. 에르메스는 승마할 때 쓰는 말안장으로 시작한 회사인데요. 자크 루이 다비드의 〈알프스를 넘는 나폴레옹〉을 보면, 나폴레옹이 엄청나게 좋은 이집트산 말을 타고 있어요. 그런데 이 그림을 포함해 서양 미술사에서 통치자를 그린 그림을 보면 말을 타고 있는 경우가 많아요. 또 그 말들은 앞발을 들고 있고요. 왜 그럴까요? 승마에서 앞발을 드는 동작은 사람도 말도 가장 고난이도의 훈련을 받아야 가능해요. 기수는 모든 훈련을 다 마친 후에야 말의 앞발을 들 수 있고, 말 역시도 복근의 힘이 세져야 앞발을 들 수 있습니다. 승마를 불어로 '마네쥬(Manège)'라고 합니다. 여기서 우리가 다 아는 단어, 경영이라는 뜻의 '매니지먼트(management)'가 나왔어요. 어떤 연결고리가 있을까요? 예전 승마는 단순히 말을 타는 기술이 아니라, 말을 길들이는 과정에서 동기부여와 보상과 벌을 통해 사람과 조직을 다루는 것을 배우는, 귀족들을 위한 최고의 인문학 교육이었습니다. 그러니까 승마는 최상급의 귀족문화였던 거죠.

에르메스는 컬렉션에 자신의 전통을 항상 녹여냅니다. 승마 문화에 대한 애정을 드러내죠. 에르메스 가문의 아이들이 타던 흔들목마가 최근에 공개되기도 했습니다. 에르메스 매장 안 갤러리에는 말에 대한 전시를 우선적으로 열고, 에르메스의 윈도우 디스플레이에는 말이 빠지지 않아요.

오늘날 에르메스 디스플레이의 디자인 근간을 만든 사람은 1978년부터 2003년까지 에르메스의 장식 디자인 디렉터를 도맡아온 레일라 멘샤리(Leila Menchari)인데요. 작년에 92세의 나이로 사망한 뒤 그의 업적을 기리기 위해 프랑스 정부가 그랑 팔레(Grand Palais)에 회고전을 열어주었어요. 이때 에르메스가 그랑 팔레에서 열린 마장마술 시험을 후원했고, 앞으로도 매년 후원한다고 합니다.

컬래버 이야기는 하지 않고 왜 말 이야기만 하는지 궁금하시죠? 에르메스 역시 컬래버를 합니다. 스카프나 다른 영역에서 열심이에요. 하지만 자신의 브랜드 아이덴티티가 승마 문화에 있다는 걸 잊지 않아요. 많은 경우 컬래버를 하면서 톡톡 튀는 시류와

▲ 에르메스의 모티브가 된 흔들목마와 승마용 안장

사람들을 따라가고 함부로 손을 잡았다가 기업의 브랜드 아이덴
티티를 놓칩니다. 컬래버를 기획할 때 한번은 곱씹어보라는 의미
에서 에르메스 이야기를 해보았습니다.

루이비통:
전통은 스트리트에 있다

이번에는 루이비통입니다. 1854년에 설립된 루이비통은 거리
를 다니는 여자들의 패션에 관심이 많았어요. '우리의 전통은 스
트리트에서 시작된다'라는 믿음을 가지고 있는 업체예요.

2020년 2월 루이비통과 미국 NBA가 장기 컬래버 계약을 맺

었습니다. 파이널 경기에서 승리한 팀에게 주는 트로피의 케이스를 만들었어요. 무려 100시간이나 들여서요. 요즘 관점으로 말하자면 루이비통의 시작은 고급 포장이사 회사였어요. 비싼 의류 등이 망가지지 않게 트렁크에 담아준 거죠. 그 전통이 NBA 트로피 케이스에까지 이어진 거예요. 케이스에 그려진 'V'는 승리의 빅토리를 상징하면서 NBA 로고의 블루와 레드도 잘 살리고 있어요. 루이비통은 케이스에서 그치지 않고 한발 더 나아가 NBA 농구선수들과도 올해 10월 컬렉션을 발표한다고 해요. 전통 기업일수록, 즉 역사에 기대는 기업일수록 더 현대적으로 스피디한 속도감을 따라가고자 스포츠 기관과 협약을 많이 맺고 있어요.

크리에이티브 디렉터 버질 아블로(Virgil Abloh)는 머릿속에 온통 B급 문화밖에 없던 사람이었어요. 스트리트 문화인 그래피티와 힙합을 좋아하는 사람이었죠. 이랬던 사람이 150년 전통의 루이비통에 와서 그 유전자를 확 바꾸고 있어요. 그러면서 본인이 전공한 건축이나 엔지니어링의 요소를 잘 녹여 스트리트 문화와 루이비통의 전통 사이의 균형을 잘 잡아내고 있습니다. 그래서 지금 반응이 좋은 거고요.

올해 5월에는 스트리트 패션계의 거장 니고(Nigo)와 컬래버를 하기도 했어요. 아마도 루이비통은 스트리트의 감성을 전통에 결합시킬 때 혁신이 생긴다고 믿는 것 같습니다.

디올:
바른 예술 사용법

디올은 결이 조금 다릅니다. 죽었다 깨어나도 '아트'입니다. 그럴 수밖에 없는 게 디올이라는 사람 자체가 아트 컬렉터거든요. 갤러리를 운영하던 사람이고요.

그래서 디올은 미술관, 박물관과 가장 열심히 컬래버를 이어가고 있어요. 2019년에는 디올의 〈꿈의 디자이너〉 전을 런던의 빅토리아 앤 앨버트 박물관에서 했고, 올해는 상하이에서 하는 걸로 알고 있어요. 지금껏 디올의 옷을 입은 여성들의 모습을 전시했는데, 보고 있으면 무척 부러워요. 70년의 역사 동안 브랜드의 정체성을 끊임없이 다져온 내공이 있는 브랜드입니다.

역사와 예술의 힘 안에서 디올 레이디백도 계속해서 컬래버를 하고 있어요. 최근 열린 '디올 레이디 아트'는 11명의 예술가와 협업했는데, 그 가운데 마르게리트 위모(Marguerite HUMEAU)의 작품처럼 미니멀한 감성이 돋보이는 작품이 있는 반면, 굉장히 맥시멀한 작품들도 많아요.

그런데 이런 컬렉션은 협업한 예술가가 어디 출신인가를 유념해서 봐야 해요. 디올은 아닌 척하면서도 각국의 부자들에게 더 많이 팔기 위해 각 나라의 감성을 잘 녹여내는 작품들을 꼭 만들거든요. 예술로 장사를 하는 거죠.

아트를 중요시하는 디올조차 올해는 '나이키 에어조던'과 협업을 했어요. 신발에 디올의 시그니처가 잘 녹아 있어요.

드롭 컬쳐

저는 곧 50대가 되는데요. 그러다 보니 밀레니얼과 세대 차이가 납니다. 그들이 흥분하고 좋아하는 것에 대해 저는 잘 몰라요. 스니커즈를 사기 위해 줄을 서는 이유를 이해하지 못했죠. 더 놀랐던 건 컬래버레이션이라는 브랜드 전략에 대해서만 '드롭'이라는 단어를 쓰는 거였어요. 한정된 매장에서 한정된 시간 동안 한정된 숫자의 제품을 툭 던져놓고 '가져가.' 하는 거잖아요. SNS상에서 입소문을 한꺼번에 일으키는 전략이죠. 사실 명품 브랜드는 드롭 컬쳐 같은 거 잘 몰라요. 2주 전에 에르메스에 강의를 갔는데, 그들은 코로나 시기 판매 전략 따위는 생각하지 않고 어떻게 하면 가죽을 더 잘 설명할 수 있을까와 같은 질문만 해요. 그게 그 브랜드의 정체성이니까요.

그런데 그런 명품 브랜드들도 이제는 이 세대의 문화적인 유전자를 배워야만 앞으로 시장에서 싸워나갈 수가 있을 거예요. 루이비통이 버질 아블로를 아트스틱 디렉터로 뽑은 이유도 그래서이지 않을까 생각합니다.

▲ 구찌와 나이키가 컬래버레이션하여 탄생한 신발

구찌:
회춘의 문법

이번에는 구찌입니다. 올해 구찌는 와일드라이프의 모바일 게임 '테니스 클래시'와 컬래버를 했어요. 게임 속 가상 캐릭터에 구찌의 옷을 입히고 테니스 라켓, 헤드기어, 운동화, 양말, 유니폼에 이르기까지 구찌의 굿즈를 팔 수 있게 해놓았어요. 이런 식의 상상은 구찌니까 가능해요. 루이비통이나 에르메스, 디올은 이런 거 할 수 없어요. 어쨌거나 아주 멋진 아이디어지 않나요?

코로나19 이후 e스포츠 인구가 더 늘었는데, 구찌라는 브랜드를 더욱 친숙하게 만들어 그들을 포섭하겠다는 거잖아요. 그런 관점에서 구찌의 실험은 주목할 만하다고 생각합니다.

이처럼 좋은 아이디어와 메시지가 있고 새로운 표현 방식이 있다면 스타트업이라 할지라도 얼마든지 명품 브랜드와 만날 수 있습니다. 다만 대체할 수 있는 다른 브랜드가 리서치 되는 순간 만나주지 않겠죠?

사라 베르나르:
바른 셀러브러티 사용법

브랜드에서 컬래버를 할 때 가장 비중이 높은 건 아무래도 셀럽, 인플루언서와 하는 거죠. 그렇다면 어떤 인플루언서를 뽑아야 우리 브랜드에 도움이 될지 인문학적 관점으로 풀어보기 위해 19세기로 가보겠습니다. 조르주 클라랭의 1871년작 〈사라 베르나르의 초상화〉 속 주인공 사라 베르나르는 당대 최고의 배우였어요. 지금으로 치면 인스타그램 팔로워를 200만 이상은 너끈히 보유할 최고의 인기녀였고, 완판녀이기도 했어요.

사라 베르나르는 당시 과자, 위스키, 담배, 화장품, 비누와 같은 소비재 광고의 모델이었어요. 각 브랜드들의 홍보 포스터에 그녀가 등장하면 엄청난 인기를 누리며 제품들이 팔려나갔다고 해요. 얼마나 인기가 좋았으면 그녀의 얼굴을 본뜬 브론즈 잉크 병을 1880년 리미티드 에디션으로 150개 만들었더니 3일 만에 동이 났다고 해요.

사라 베르나르가 셀럽으로서 매력적인 이유는 무엇이었을까요? 그녀는 당대 최고의 연극배우였는데, 셰익스피어의 연극 〈햄릿〉에 출연한 후 연극의 콘텐츠를 이용해 자기가 조각 작품을 만들었어요. 〈오필리어의 죽음〉이라는 작품이었는데요. 배우였음에도 미술에 대한 열망이 많아 아카데미에 가서 조각을 배웠다고 해요. 이 작품 말고도 연극에 출연할 때마다 그 콘텐츠에 기반한 작품을 만들었다고 합니다. 이걸 보고 배가 아픈 사람들은 당대에 같이 활동하던 조각가들이었는데, 그 가운데 1명이 로댕이에요. 로댕이 질투할 정도로 인기가 많았던 거죠.

사라 베르나르는 연극에서 성별 구별 없이 남자 역할도 하고 여자 역할도 했대요. 19세기 서슬 퍼런 가부장 사회에서 양성의 역할을 해가며 남자한테도 여자한테도 큰 사랑을 받았어요. 또 자기 관리에 철두철미했는데, 연기하다 실족해서 다리 하나를 잘라내야 했음에도 목발을 짚고 무대에서 연기했다고 해요. 일관성이 있었던 사람입니다. 사생활로도 문제 삼을 게 없었습니다. 7세 연하 남편이 약쟁이, 사고뭉치였는데도 끝까지 안 버리고 돌봤어요. 처음부터 끝까지 존경할 만한 요소들을 다 가지고 있었던 사람이었죠.

강의를 가면 컬래버 하기에 가장 파급력이 큰 인플루언서는 누구인 것 같냐는 질문을 많이 받는데, 제가 명확하게 드릴 수 있는 답변은 어느 누구도 믿지 말라는 거예요. 왜냐하면 브랜드 컬래버레이션에 이력서를 내는 예술가들이 정해져 있어요. 그들은 예술을 하는 게 아니고 컬래버를 하려고 예술을 하는 장사치들이에요. 차라리 인스타그램을 켜고 현대 예술작품을 계속 보다가 끌리는 게 나오면 왜 끌리는지 자문해보고 우리 브랜드와 어울릴지 계속 고민하는 작업을 하는 편이 더 좋아요. 거기서 의외의 조합이 나올 수 있어요.

그리고 유튜브와 인스타그램 팔로워 수를 너무 믿지 마세요. 허수가 많습니다. 특히 자기 입으로 '내돈내산'을 너무 강조하는 사람들은 사고를 치는 경우가 많습니다. 최근에 걸린 사례도 있었죠. 항상 조심해야 해요. 사라 베르나르를 생각하세요. 자기만의 성장 서사가 있는 사람, 실패를 딛고 자기 일을 일관적으로 하고 사생활에 문제가 없으며 평판 관리를 분명하게 하는 사람과 일해야 합니다. 옷 잘 입고 스타일 좋다고 함께 일해서는 안 됩니다. 브랜드 매니저는 이런 걸 선별할 수 있는 능력을 가져야 합니다. 평가의 척도를 제대로 가져야 해요.

자란도:
고정관념 없애기

사라 베르나르를 보면서 연상되는 예가 있어요. 유럽에서 가장 큰 온라인 패션 플랫폼인 '자란도(Zarando)'의 캠페인 광고 'Me. Unlimited'의 모델은 팔로워 수로 뽑지 않고 어떤 인생을 살았는

"지금 우리에게 중요한 건
하나의 형태로 굳어져 버린
스테레오타입의 컬래버를 깨는 것,
그 과정에서
새로운 유형을 만드는
혁신을 하는 거예요."

가를 보고 뽑았어요. 운동선수, 사회운동가, 플러스 사이즈 모델의 배우 등 각기 독특한 개성을 가진 사람들을 모델로 세워놓고 '우리는 다양한 생을 살아갈 수 있다'라는 메시지를 던져주고 있어요.

자란도의 2020년 메시지는 'Goodbye stereotypes. Hello Zerotypes.'인데요. 우리는 백화점의 여성복 코너와 남성복 코너가 나뉘어져 있는 걸 자연스럽게 받아들이고 있지만, 그런 관념이 생긴 건 500년이 채 안 됩니다. 그 이전에는 여성복, 남성복의 구분이 없었어요. 여성복을 입는다는 건 단순히 프릴 달린 치마를 입는 게 아니에요. 여성에게 주어진 사회적 역할과 기대에 부합해야 한다는 의미입니다. 남자도 물론 마찬가지고요. 그렇게 남자로, 여자로 성장하게 되죠. 그러면서 우리는 당연하다고 믿게 되는 사회의 스테레오타입과 맞부딪히게 됩니다. 자란도는 그걸 깨트리자고 얘기하는 거예요.

사라 베르나르가 양성을 오가면서 많은 사람들의 심금을 울렸던 것처럼, 타입이라는 건 존재하지 않고, 우리에게 중요한 건 유연하게 그 경계를 허무는 거라고 주장하는 거죠. '핑크가 왜 여자만의 것이고, 드레스가 왜 소녀만의 것이지?' 라고 물으면서요.

어떤 하나의 관념을 마켓타입이라고 하면, 이 관념을 다양한 업체들이 받아들여서 시제품을 만듭니다. 그런데 요즘은 컬래버가 너무 많아지면서, 판에 박힌 스테레오타입이 돼버린 것 같아요. 그래서 지금 우리에게 중요한 건 하나의 형태로 굳어져 버린

스테레오타입의 컬래버를 깨는 것, 그 과정에서 새로운 유형을 만드는 혁신을 하는 거예요.

패션 컬래버의 방향: 지속가능성과 젠더 경계 허물기

저는 인문학자이기도 하지만 신세계 백화점 출신으로 상품 기획, 브랜드 매니지먼트 일을 했었고, 국제 마케팅 일도 했었습니다. 그 과정에서 제가 느낀 건 초반에서 얘기했듯이 사례 공부만 미친 듯이 하는 사람이 제일 바보라는 거예요. 어떤 사례에 꽂혀서 그것을 당장 이식해보려고 노력하는 우를 범하는 후배들을 많이 봤습니다. 그러기보다는 성공사례를 면밀히 분석해보는 것이 훨씬 도움이 됩니다.

'대한제분'과 '4XR'의 컬래버는 컬러도 좋고, 곰 그림이 깔끔해서 그래픽도 좋아요. 남자 패션시장에 잘 없는 플러스 사이즈와 곰의 이미지가 잘 들어맞아 수요로 연결되었다고 생각해요. 또 올해 2월에는 '크록스'와 'KFC'가 컬래버를 했어요. 기상천외하다고 해야 할까요? 리서치를 해보니 저 세상 컬래버가 되었다는 평들이 많았어요.

단타성 컬래버 형태가 너무 많다 보니 차별화가 힘들어졌어요. 그래서 숙제가 생긴 거예요. 어떤 유형의 컬래버를 해야 할까라고요.

요즘 싹쓰리가 인기 있는 건 사람은 항상 자기가 살아왔던 과거를 미화하기 때문이에요. 나아가 자기가 자라왔던 그 시대를 기념하고 싶어서 과거를 향수 삼아 파는 물품에 대해 친화력이 생겨요. 서양에서는 그 품목 중 하나가 '팩맨'이에요. 벨기에의 가방 회사 '키플링'이 팩맨과 컬래버를 했습니다. 핸드백, 트렁크, 백팩 등을 만들었는데, 올해 5월에 론칭했으니 결과는 더 두고 봐야 할 것 같아요.

반스와 '내셔널지오그래피'의 컬래버는 눈여겨볼 만해요. 심해, 녹고 있는 빙하, 멸종동물 등 지구환경을 담은 사진들을 프린트로 찍어냈는데, 이것은 패션의 화두를 지속가능성이라는 문제에서 찾아야 한다는 걸 알았기 때문일 거예요.

앞으로의 패션 컬래버는 방향이 딱 2개일 겁니다. 지속가능성, 그리고 젠더의 경계를 허무는 것 입니다. 올해 화장품 브랜드 '이니스프리'가 공간을 큐레이션해 숙박업계의 넷플릭스라고 불리는 '스테이폴리오'와 협업을 했어요. 화장품 용기가 독특하더라고요. 이 협업의 결과도 아직 잘 알 수 없지만, 소개하는 이유는 두 파트너 사이에 전달하고 싶은 메시지의 합이 잘 맞아서예요. 기품 있는 공간에 어울리도록 브랜드의 로고나 이름이 과다하게 드러나는 걸 지양했습니다. 그리고 친환경, 지속가능성을 고민하면서 리필용기로 쓸 수 있게 만들었어요. 또 화장품과 용기 모두

▲ 스테이폴리오와 이니스프리가 제안하는 지속가능한 삶 re_stay (출처: 스테이폴리오 페이스북)

재생 가능한 재료로 만들어 잘 썩을 수 있도록 했고요. 최근의 화두를 제품 기획에 잘 담아 그것들이 놓일 공간에 배치되었을 때 발산하는 힘과 합의 문제를 잘 고민했다는 생각이 드는 컬래버였습니다.

의류 브랜드 '끌로에'는 올해 5월에 '유니세프'와 컬래버를 했어요. 세계 소녀의 날을 맞아 미니 컬렉션을 만들어 판매하고 판매액 전부를 소녀들의 교육과 양성평등 프로그램에 쓰기로 약정을 맺었습니다.

컬래버의 방향:
더 나은 세상을 향하여

어찌 보면 진부해 보이는 컬래버지만, 제가 이런 이야기를 자꾸 하는 이유는 앞으로의 컬래버는 브랜드와 브랜드의 결합이라는 의미를 넘어서 사회적인 목소리를 내는 방향으로 갈 것이기 때문이에요.

지금까지의 컬래버는 '스토리텔링'에 초점을 맞춰 감성을 자극하고 사람의 마음을 열어서 브랜드와 친숙하게 만드는 것에 중점을 두었어요. 하지만 이제는, 이야기를 실제로 체험하게 하고 브랜드가 나와 사회의 발전을 위해 일한다는 걸 보여주는 '스토리두잉'이 중요해요.

제가 2009년에 경기도 미술관에서 〈착하게 입자〉라는 패션 전시를 한 적이 있어요. 친환경 제로웨이스트를 다뤘는데, 당시에는 너무 앞선 주제라 보러 오는 사람이 없었어요. 그런데 최근에는 예능 프로그램에서조차 제로웨이스트를 이야기해요. 예전에는 패션회사에 가서 친환경 생산을 하자고 하면 생산 시스템을 다 뒤집어야 하는데 무슨 뜬구름 잡는 소리냐고 했어요. 이제는 들어주기 시작한다고 합니다.

이제는 브랜드와 브랜드가 만나서 제품 개발만 하는 시대는 지났으니, 공통의 사회적 가치들을 공유해야 합니다. 패션은 세상에 죄를 많이 짓는 산업입니다. 면 티셔츠 하나를 만들기 위해 2,000리터의 물이 필요해요. 이런 걸 어떻게든 고쳐내기 위해 친환경 생산 시스템을 만들려고 하는 거예요. 또 패션산업은 옷을 싸게 생산하기 위해 독재국가에 공장을 세워서 노동법을 무시해가며 최근까지도 아동 노동을 시켰습니다. 'H&M'은 '유니세프'와 손 잡고 수질오염 막는 협약을 맺고 장기 프로젝트를 하기로 했고, '이케아'는 아동노동을 근절시키기 위해 다방면으로 노력하고 있어요. 이건 각자가 속한 산업에서 세상을 더 밝고 투명하게 만들기 위해 무엇을 할 수 있는지 고민한 결과이고, 동일 목표를 달성하기 위해 시작한 컬래버입니다.

또 단타가 아닌 장기적인 컬래버를 했으면 좋겠습니다. 컬래버는 결국 마주잡은 손이잖아요. 손 잡고 뒤에 금방 휙 떼버리면 안 되죠. 오랫동안 손을 함께 잡고 꿈을 이뤄가는 장기적인 목표를 세웠으면 좋겠습니다. '스텔라 맥카트니'는 '아디다스'와 2005년부터 지금까지 15년째 컬래버를 하고 있어요. 이처럼 긴 호흡으로 세상의 변화를 위해 함께 목소리를 내어가기 위해 컬래버를 하는 것이 필요해요. 육중한 사회적인 의제가 아니더라도 우리의 라이프스타일을 변화시키기 위해서 다양한 이종의 업계가 어떻게 만날 수 있는지를 고민하는 데서 새로운 컬래버가 나올 거라고 생각합니다.

18세기 컬래버레이션: 마담 퐁파두르

- 18세기의 문화, 예술, 패션, 인테리어의 방향성을 이끔
- 가구, 보석 등 컬래버
- 공간과 가구의 큐레이션
- 인형 컬래버로 의류 유통 채널 확장

에르메스: 협업할 때 기억할 것들

- 말안장으로 시작한 회사
- 컬렉션에 자신의 전통인 승마 문화를 항상 녹여냄
- 컬래버를 하지만 브랜드 아이덴티티가 승마 문화에 있다는 걸 잊지 않음

루이비통: 전통은 스트리트에 있다

- '전통은 스트리트에서 시작된다'는 믿음을 가진 업체
- 고급 포장이사 회사로 시작
- 미국 NBA와 장기 컬래버: 트로피 케이스
- 크리에이티브 디렉터 버질 아블로: 스트리트 문화와 루이비통 전통 사이의 균형
- '니고'와 컬래버: 스트리트 감성+전통 = 혁신

디올: 바른 예술 사용법

- '아트'를 중요시해 미술관, 박물과 컬래버를 이어감

- 2019년 〈꿈의 디자이너〉 전: 런던 빅토리아 앤 앨버트 박물관
- '디올 레이디 아트': 11명의 예술가와 디올 레이디백 컬래버

구찌: 회춘의 문법

- 모바일 게임 '테니스 클래시'와 컬래버

  가상 캐릭터에 구찌의 옷 입힘

  유니폼, 라켓, 헤드기어, 운동화, 양말 등 굿즈 판매

사라 베르나르: 바른 셀러브러티 사용법

- 당대 최고의 배우
- 자신이 출연한 연극의 콘텐츠로 조각 작품 직접 제작
- 연극에서 성 구별 없이 양성 역할을 해 남성, 여성에게 모두 사랑 받음
- 자기 관리 철저, 사생활 깨끗함
- 컬래버를 위한 인플루언서를 섭외할 때: 사라 베르나를 기억하라
  - 자기만의 성장 서사가 있는 사람
  - 실패를 딛고 자기 일을 일관적으로 하는 사람
  - 사생활에 문제가 없는 사람
  - 평판 관리를 분명하게 하는 사람

자란도: 고정관념을 깨자

- 캠페인 광고 'Me. Unlimited'의 모델
  - 각기 독특한 인생 서사와 개성을 가진 사람들로 선정
  - '우리는 다양한 생을 살아갈 수 있다'는 메시지
- 2020 메시지: Goodbye stereotypes. Hello Zerotypes.

- 사회가 부여한 스테레오타입을 깨뜨리자
- 타입은 존재하지 않으니 경계를 허물자

컬래버레이션의 흐름
- 패션 컬래버의 두 방향
  - 지속가능성
  - 젠더의 경계 허물기

컬래버의 방향
- 앞으로의 컬래버는 브랜드와 브랜드의 결합을 넘어 사회적 목소리는 내는 방향으로 갈 것임
- 스토리텔링에서 스토리두잉으로
- 일관성 유지에서 표현의 자유로
- 제품 개발에서 사회적 가치 공유로
- 윈윈에서 동일 목표의 공유로
- 단기에서 장기적 흐름으로

컬래버레이션으로 기존 게임에 없었던 새로운 가치를 가져오다

박찬웅, NHN 마케팅기획 팀장

NHN 글로벌마케팅실에서 마케팅기획을 맡고 있는 박찬웅입니다. 시장에 임팩트를 줬던 훌륭한 게임 컬래버레이션 사례를 소개시켜드리기에는 제가 역부족이고요. 다만, 게임 마케팅 일을 13년 동안 하면서 컬래버레이션이라는 키워드에 대해 고민했던 것들을 나눠보고자 합니다.

게임 마케터가 게임의 가치를 더할 수는 없을까?

유튜브를 틀면 게임 광고가 지겹도록 많이 나옵니다. 왜 그럴까요? 모바일 게임시장의 규모 면에서 한국은 세계 4위 정도이고, 1년 매출은 3조 원이 넘습니다. 1년 앱 다운로드 20억 건 가운데 40%, 즉 8억 건 정도가 게임 앱 다운로드예요. 3조 규모의 업계가 국내에 얼마나 있겠습니까. 게다가 게임은 영업 이익률이 무척 높아요. 패션의 영업 이익률이 8~15%인데 반해, 게임은 적게는 20%에서 많게는 70%까지 영업 이익률이 납니다. 그 대신 10개의 게임을 론칭하면 1~2개 게임이 성공하는 전형적인 흥행 산업입니다.

저는 엔씨소프트에서 일하다가 2013년에 NHN에 입사했는데요. 그때부터 지금까지 제가 관여했던 게임 프로젝트가 50개 정도입니다. 그 가운데 4~5개의 게임만이 시장에서 성과를 내고 매출을 냈어요. 10~12% 정도의 확률인 거죠.

요즘은 기초적인 서비스를 일단 시장에 내놓는 MVP(Minimum Viable Product)를 출시한 후에 시장의 피드백을 받아 하드 론칭을 하는 경우가 많은데요. 게임의 경우도 비슷합니다. 3,000만 원에서 1억 원 정도의 예산으로 소프트 론칭 마케팅을 하고, 이후 진행되는 상황에 따라 예산이 늘어납니다. 그러다 보니 항상 많은 타이틀을 다뤄야 하는 인하우스 게임 마케터들은 '한정된 자원을 어떤 게임에 얼마만큼 투입해 수익을 극대화시킬 것인가'라는 고민을 합니다.

NHN의 '한게임' 브랜드 안에는 15개 이상의 타이틀이 국내와 해외 지사에서 모바일 서비스 되고 있습니다. 저희 역시 이 게임들 중에서 어떤 게임에 어떤 자원을 얼마만큼 투입시켜 얼마만큼의 매출을 이끌어 낼 수 있을 것인가를 먼저 계산합니다. 이때 3가지 정도의 지표를 기준으로 움직여요.

첫 번째는 'LTV(Life Time Value)'로, 1명의 고객이 게임 앱을 설치하고 게임을 즐기다가 이탈하는 순간까지 발생시키는 매출입니다. 게임의 가치라고 할 수 있어요. 게임이 재미있고, 과금 설계가 잘되어 있으면 LTV가 높겠죠. 두 번째 지표인 'K값'은 '바이럴 계수'라고도 하는데요. 게임이 얼마나 사람들한테 화제가 될 수 있는 포인트를 가지고 있느냐, 얼마나 바이럴이 잘될 수 있을 만한 포인트를 갖고 있느냐에 달려 있습니다. 예전에 '애니팡'이 나왔을 때 처음 보는 쓰리매치 퍼즐 게임이어서 K값이 아주 높은 게임이 됐었죠. 마지막 지표인 'CPI(Cost Per Install)'는 1명을 인스톨 시키는 데 드는 광고비입니다. 이 3가지 데이터를 종합해 '이 게임은 얼마의 비용을 투입할 수 있겠어'라는 계산이 나오는 겁니다.

A게임은 비용을 조금 투입해서는 매출이 안 나올 거 같지만 B게임은 조금만 투입해도 매출이 많이 나올 거 같다면, 모든 예산을 B쪽에 몰아넣고 효율성을 추구하는 게 게임 마케터의 일이에요. 사실상 LTV에 대해서는 마케터가 건드릴 수 있는 게 많이 없어요. 그나마 할 수 있는 건 떠나간 유저들에게 다시 돌아오라고 이벤트 하는 정도의 '재관여(Re-engagement)' 마케팅입니다. K값의 경우에는 마케터들이 조금의 영향을 줄 수 있습니다. 친구 추천

이벤트를 한다든지 인플루언서 마케팅을 한다든지 해서요. 최근 유재석 씨를 모델로 한 'AFK아레나' 광고가 많이 나오는데요. 이 경우 사람들이 게임을 추천할 때 '유재석이 광고하는 게임이야.'라고만 해도 상대가 알아들으니까 게임을 설명하는 코스트가 낮아집니다. 이런 식으로 K값을 늘려주는 마케팅 활동을 할 수 있습니다. CPI는 거의 마케팅 영역이에요. 광고 메시지를 얼마나 매력적으로 뽑느냐, 미디어믹스를 얼마나 잘 짜느냐, 최적화를 어떻게 하느냐, 여러 가지 테크니컬한 부분들을 어떻게 활용하느냐에 따라 CPI가 달라지거든요.

그런데 게임 마케팅 일을 오랫동안 하다 보니까 '게임의 가치를 더할 수 있는 방법은 없을까'에 대한 고민이 시작되었습니다. LTV와 K값을 마케터의 노력으로 바꿀 수 없는 걸까, 마케터가 게임산업에서 할 수 있는 게 더 이상 없는 걸까, 고민을 거듭했습니다. 그에 대한 해답이 오늘의 주제인 '컬래버'입니다. 왜냐하면 컬래버는 기존의 게임에 없었던 새로운 가치를 가져오는 작업이니까요.

'예측 불가능한 조합'의 컬래버, 말 그대로 어렵다

잠시 시간을 거슬러 게임 컬래버의 역사를 돌아보면, 초창기

"게임 컬래버를 할 때는
사람들이 좋아하는 생각이나
스타일, 행동이 대상이 되는데,
이게 밈이거든요.
밈이 컬래버의 주요
콘텐츠 파트가 되는 게
사람들한테 색다름과 낯설음을
주는 거죠.
그러니까 콘텐츠의 낯설음은
밈에서 출발한다고 할 수
있습니다."

게임 컬래버는 주로 연예인 IP로 많이 했습니다. 2004년 '귀무자'에는 금성무와 장 르노가 캐릭터로 등장해, 센세이션을 불러일으켰어요. 유저가 게임 안에서 장 르노와 금성무를 움직일 수 있었죠. 게임 안에 실사 얼굴을 구현할 수 있는 정도의 기술력이 어느 정도 이루어졌다는 반증이기도 했습니다.

이후 게임 컬래버는 진화를 거듭해 '예측 불가능한 조합'의 사례들이 등장했어요. 넥슨의 '카트라이더'가 무신사를 통해 컬래버 의류를 출시한다든지, 롤과 루이비통이 컬래버를 한다든지 등으로 말이죠.

그런데 예측 불가능한 조합의 컬래버는 말 그대로 어려워요. 휠라와 배틀그라운드의 컬래버는 굉장히 신선했지만, 그다음에 다른 게임에서 패션 브랜드와 컬래버를 하면 예측 가능한 조합이 돼버려 임팩트가 없어져버리거든요. 그러니까 언제나 새로운 걸 찾아야 되는 부담감이 생기는 거예요. 또 컬래버를 함께할 브랜드를 찾는 것도 어렵습니다. 속된 말로, 꼭 그런 건 아니라고 저는 믿습니다만, 급이 맞는 브랜드끼리 컬래버를 해야 한다는 실무적인 부담을 가질 수도 있어요.

그리고 무엇보다 성공 가능성을 예측할 수가 없어요. 기존의 마케팅들은 어느 정도의 성과와 효율을 낼지 예측할 수 있지만, 컬래버레이션은 전에 없던 활동이다 보니 예측이 힘들어 조직 안에서 추진하기가 힘듭니다. 이 때문에 경영진의 지원을 받는다든가 해서 조직 안에서 준비가 되어 있는 자리에 있지 않으면 아무나 컬래버를 추진할 수가 없어요.

낯설음을 어떻게 줄 것인가 1: 밈에서 출발하자

그러면 게임 컬래버를 어떻게 할 수 있을까요?

오늘 제가 말씀드리고 싶은 건 꼭 예측 불가능한 조합으로만 컬래버를 해야 하는 건 아니라는 거예요. 요점은 간단해요. 컬래버에 접근하는 키워드는 '즐길 수 있는 콘텐츠'와 '다음을 가능하게 하는 퍼포먼스' 2가지입니다.

제가 엔씨소프트에서 '아이온'이라는 MMORPG 게임을 담당할 때 원더걸스, 아프리카TV, 아이유 씨와 컬래버를 했던 경험과 최근 NHN의 모바일 게임 '크루세이더퀘스트'를 예로 들어 설명해볼게요.

'즐길 수 있는 콘텐츠'라는 키워드 안에서 또 다시 '낯설음'과 '공감'이라는 키워드가 들어있어요. 예측 불가능한 조합은 결국 낯설음을 추구하는 건데, 그 방법을 쓰지 않고도 낯설음을 줄 수 있는 방법은 무엇일까요?

2010년 원더걸스와 컬래버부터 이야기할게요. 연예인 IP로 뭔가를 해보라는 미션이 2~3년차 사원인 저에게 떨어졌어요. 그래서 무작정 JYP에 전화를 해서 담당자를 만났어요. 당시는 IP 게임 컬래버가 대세였던 시기라 기존과 다른 무언가를 해보고 싶었어요. 이미 게임 안에 연예인이 들어오는 건 색다른 조합이 아니었거든요. 넥슨과 비가 컬래버를 하기도 했고요.

그래서 원더걸스가 그룹이니까 멤버별로 개성을 쪼개보기로 했어요. 의상, 액세서리, 헤어스타일, 춤 등을 일일이 쪼개서 게임 안에 넣는 걸 기획했습니다. 원더걸스 안무를 초 단위로 따고, 앨범 사진 찍을 때 따라가서 대기실에서 멤버들 사진, 의상 사진을 찍어서 개발 팀에 가져다줬어요. 그것을 재료로 헤어스타일 8종과 복식 6종, 주요 포인트 안무 2종을 남녀 버전으로 인게임에 구현했어요.

의도는 유저들이 즐겁게 놀기를 바란 거였습니다. 똑같은 원더걸스 선미가 100명 있으면 재미없지만, 내가 만든 나만의 선미는 개성과 재미가 있으니까요. 한국, 대만, 일본 등 아시아 지역에서 '안무' 판매로 당시 20억 원의 매출을 올렸어요. JYP 측에서도 컬래버에서 모델비보다 훨씬 많은 수익이 발생하는 것을 보고, 미쓰에이, 2PM 등 소속 아이돌에게도 컬래버를 확대 적용했습니다.

지금에 와서 생각해 보면, 이것이 요즘 말하는 '밈(Meme)'이 아니었나 싶어요. 게임 컬래버를 할 때는 외형이나 이미지만이 아니라 사람들이 좋아하는 생각이나 스타일, 행동이 그 대상이 되는데, 이게 밈이거든요. 밈이 컬래버의 주요 콘텐츠 파트가 되는 게 사람들한테 색다름과 낯설음을 주는 거죠. 그러니까 콘텐츠의 낯설음은 밈에서 출발한다고 할 수 있습니다.

낯설음을 어떻게 줄 것인가 2: 우락부락 심청이와 전쟁 실황중계

밈 요소는 꼭 컬래버의 대상 브랜드가 아닌 자사 브랜드에서도 추출할 수 있어요.

작년에 크루세이더퀘스트에 출시한 심청이 캐릭터를 예로 들어 볼게요. 개발 팀에서 근육이 우락부락한 심청이를 그린 거예요. 재미있더라고요. 그래서 고전 명작과의 컬래버로 포장을 하고, 심청이가 공양미 300석에 인당수에 빠지는 게 아니라 '아버지를 지키기 위해 지옥불에도 뛰어든다'는 콘셉트로 약간 변조해 크루세이더퀘스트 게임 유저들이 좋아하는 약간의 병맛스러움을 묻혔어요. 그 결과 평소보다 1.5배 이상의 좋은 결과물을 만들어낼 수 있었습니다. 그래서 소소하지만 유저들이 좋아하는 밈, 즉 어떤 포인트나 생각, 개성들을 조금씩 녹여서 새로움을 주려고 노력했어요.

다음 예는 2012년 아이온과 아프리카TV의 컬래버입니다. 지금은 아프리카TV가 큰 회사지만 당시는 인터넷방송 초창기여서 새로운 플랫폼과 협업할 수 있는 방법이 뭘까 고민을 많이 했습니다. 그리고 '콘텐츠를 즐기는 방식'에 변화를 부여하기로 결정했어요. 아프리카TV를 통해 전쟁게임을 중계하기로 한 거예요.

수백 명이 모여 전쟁을 하는 콘텐츠는 재미있지만 사람들에게 보여줄 수가 없었어요. 전쟁을 중계한다는 게 힘드니까요. 그래서 전쟁 콘텐츠를 미니멀하게 축약해서 스포츠 형태로 룰을 재편하고 서버도 새롭게 하나 만들었어요. 그리고 사전에 섭외한 2명의 BJ에게 방송을 부탁하고, 일주일 동안 경기를 계속했어요. 정해진 시간에 정해진 인원들이 모의 전쟁을 하면 BJ가 전쟁을 실황 중계하는 식이었어요. 또 전쟁의 결과에 따라서 전쟁에 참가하지 않은 유저들도 보상을 가져갈 수 있도록 설계를 해서 모두가 방송을 보면서 응원할 수 있도록 만들었습니다.

이때 일주일을 밤새면서 작업했는데요. 새로운 아이디어로 플랫폼과 협업하면서 유저들이 조금은 낯선 방법으로 게임을 즐길 수 있게 함으로써 새로운 가치를 창출하는 작업이기에 저희도 즐거웠습니다.

낯설음을 어떻게 줄 것인가 3: 아이유를 구출해야 콘서트가 열린다

아이온은 2012년 아이유 씨와도 컬래버를 했습니다. 이때 아이유 씨를 단순히 광고모델로만 활용하지 않고 게임 유저들이 아이유라는 캐릭터를 재밌게 즐기게 할 방법을 찾기 위해 많이 노력했어요. 춤이나 복식을 이용하는 방법은 벌써 다 한 것들이었죠. 그러다 아이유는 노래가 주요 콘텐츠인 가수니까 게임 안에서 콘서트를 열어보자는 아이디어가 나왔어요.

마침 개발 팀에 자신이 만든 게임 안에서 사람들과 월드컵을 응원하고 싶다는 꿈을 가진 분이 있었어요. 게임 안에서 현장 중계를 스트리밍해서 함께 볼 수 있는 '에어라이브'라는 시스템을 몇 달 전에 특허출원을 해놓고 코딩까지 하고 있던 상황이었죠. 월드컵은 아직 시간이 남아 있으니 아이유 콘서트부터 해보자고 이야기가 됐어요. 색다르게 즐길 수 있는 포인트가 만들어진 거죠. 그렇게 해서 마련된 아이온의 '아이유 라이브 파티'에 6만 4,000명의 게임 유저들이 와서 즐겼습니다.

2019년 래퍼 트래비스 스캇이 '포트나이트' 안에서 콘서트를 했을 때, 참가 유저 수가 1,260만 명이었어요. 인게임 안에서 300~400만 명이, 유튜브 라이브 스트리밍으로 700~800만 명이 함께했다고 해요. 트래비스 스캇이 엄청난 거인으로 출연하고 각종 화려한 연출로 콘서트를 연출했어요. 8년 전 제가 진행한 아이유 콘서트 때에 비해 기술이 훨씬 발전한 거죠. 어쨌거나 게임 마케터로서 굉장히 부럽고 시기가 나는 타이틀이었습니다.

즐길 수 있는
공감대를 형성하라

'즐길 수 있는 콘텐츠'의 두 번째 키워드는 '공감'이에요. 콘텐츠는 게임 유저들이 즐겨야 되니까 마냥 낯설다고 좋은 건 아니거든요. 즐길 수 있는 공감대가 있어야 합니다.

아이온의 아이유 콘서트의 경우, 납치되어 던전에 갇혀 있는 아이유를 사람들이 구하면 예정대로 콘서트가 열리는 간단한 스토리라인을 짜고, 던전 오픈 일정을 세웠습니다. 카운팅, 이벤트 페이지, 아이유를 구출할 수 있는 힌트가 담긴 게임 공략법 등을 조율했고요. 던전에 들어가서 공략대로 게임을 클리어하는 과정은 게임 유저들에게는 일상적인 거예요. 거기에 사람들이 좋아하는 아이유라는 외부 IP를 스토리라인에 더한 겁니다. 개인적으로 외부 콘텐츠를 들여와 이미지 작업만 하는 게 아니라 새로운 콘텐츠로 만들어가는 과정들이 참 재미있었습니다.

이번에는 크루세이더퀘스트와 대만의 리듬게임 '디모'와의 컬래버를 말씀드릴게요. 크루세이더퀘스트의 주제가들을 디모에서 활용하는 동시에 디모의 캐릭터와 음악들을 크루세이더퀘스트에서 간이 리듬액션의 형태로 화살표를 누르는 방식으로 활용했어요. 그러니까 각자가 가진 콘텐츠와 양식을 서로 접목한 거예요. 동시에 오픈하면서 그 안에 스토리를 하나씩 만들어줬어요. 음악을 주제로 각자 다른 스토리텔링을 진행한 거예요. 이런 것들이 유저들에게 공감대를 형성했어요. 스토리텔링은 명분이 되었고요. 단순히 이미지만 가져와 트래픽을 뽑는 게 아니니까요.

컬래버 효과를 극대화하는
성과 분석

'즐길 수 있는 콘텐츠'에 이어 컬래버에 접근하는 두 번째 키워드는 '다음을 가능하게 하는 퍼포먼스'예요. 첫 번째 키워드가 콘텐츠를 만들어가는 과정에 대한 것이었다면, 두 번째는 성과 분석, 팬덤과 관련된 컬래버의 퍼포먼스에 관련된 내용입니다.

앞서 말씀드린 것처럼 컬래버는 새로운 이야기를 끌고오는 거라서 다음을 가능하게 하는 활동을 하기가 힘들어요. 그런데 퍼포먼스에서 성과 분석과 팬덤을 결부하면 상황이 조금 달라집니다. 예를 들어 크루세이더퀘스트는 1년에 2번의 컬래버를 정기적으로 하는 타이틀이에요. 처음부터 그랬던 건 아니었는데, 초창기 진행한 컬래버에 대한 성과들을 발전시키다 보니 루틴이 되었어요.

성과 분석은 모바일 게임이라 가능해요. 디지털로 데이터 분석을 할 수 있으니까요. 2016년 크루세이더퀘스트와 '킹오브파이터즈'라는 게임을 컬래버해 글로벌 서비스를 했을 때, 일주일 정도 캠페인을 한 뒤 데이터 분석을 해봤어요.

그때 저희는 킹오브파이터즈가 영미권, 유럽권에서 어느 정도 인지도가 있는 IP여서 그쪽에서 사람들이 많이 들어올 것이라고 생각했는데 그렇지가 않더라고요. 언어를 기준으로 컬래버가 진행된 일주일간의 데이터를 뽑아봤더니, 미국에서 영어로 휴대폰을 세팅한 유저는 67%에 그쳤고, 중국어(간체)로 세팅한 유저가 30% 정도 되었어요. 이탈리아에서도 간체 세팅이 30%, 심지어 캐나다는 간체 세팅이 36%, 호주와 영국에서는 40%에 이르렀어요. 이렇게 중국어 사용 비중이 높은데, 저희는 영어로만 광고를 한 거예요.

데이터 분석 후, 어쩌면 우리 게임이 그동안 영미권에서 선전했던 이유가 아시아 교포 등 한문 문화권, 아시아 문화권에 익숙한 유저들 때문이 아닌가 생각하게 됐습니다. 그래서 2주차부터 밤을 새서 모든 소재들을 간체로 다시 뽑았어요. 그다음부터 성과가 나오더라고요.

컬래버는 그 IP가 가진 문화적 성격이 있기 때문에 출시하기 전까지는 어떤 식으로 성과를 낼지는 잘 알 수가 없어요. 그래서 일주일 정도 캠페인의 성과를 빠른 호흡으로 분석해 바로 반영시킨 겁니다. 그리고 다음 컬래버를 할 때 이 교훈을 잊지 않는 거예요. 북미권에 출시하더라도 중국 간체는 무조건 포함시키는 거죠. 컬래버를 할 때마다 이런 일들은 자주 생겨요. 그때마다 데이터를 분석해, 컬래버 필수사항들을 하나씩 축적해가고 있습니다.

최근 크루세이더퀘스트가 '꾸러기수비대'와 컬래버한 걸 예로 들어볼게요. 컬래버를 한 뒤 유튜브 인플루언서들에게 게임 리뷰를 부탁하고 프로모션을 진행했어요. 그들이 유튜브에서 꾸러기수비대 노래를 부르면서 게임 안에서 콘텐츠를 만드니까 동시접속자 수가 늘고 다운로드 수가 마구 올라갔어요. 그래서 다음 컬래버를 할 때는 게임에 맞는 인플루언서를 섭외해 저희가 이벤트하는 시간에 집중시키려고 준비하고 있습니다.

이렇게 데이터를 통해 개선된 방향으로 진행할 수 있기에 예측하기 힘든 컬래버지만 계속 이어갈 수 있는 것입니다.

누적 ARPU(Average Revenue per User) 그래프는 1월에 가입한 유저 한 사람이 12월까지, 즉 에이지가 365일이 될 때까지 발생시키는 매출 누적을 보여주는 건데요. 일반적으로는 그래프가 올라가다가 어느 순간 평평해져요. 왜냐하면 게임에 유입된 초반에는 열심히 매출을 일으키지만 게임을 오래하면 이탈하거나 게임 콘텐츠를 소진해 매출을 일으킬 확률이 없어지기 때문이에요. 그런데 저희가 컬래버를 하니까 크루세이더퀘스트의 누적 ARPU 그래프가 다시 위로 쑥 올라갔어요.

그런데 이게 국가마다 차이가 났어요. 한국은 그래프가 많이 올라간 데 반해, 일본은 그렇게 많이 올라가진 않았더라고요. 분석해보니 일본에서는 최근 가입한 유저들에 비해 장기 가입했던 유저들의 매출이 많이 떨어져 있는 상태였어요. 다음 캠페인을 위해 이런 성과 분석들이 아주 중요합니다.

팸덤의 특성에 따라
마케팅의 목표가 달라진다

마지막 이야기는 어떤 팬덤을 겨냥해야 하는가입니다. 팬덤의 성격에 따라서 캠페인의 결과치가 많이 달라지거든요.

2017년 크루세이터퀘스트는 미국의 애니메이션 'RWBY'와 컬래버를 했어요. RWBY는 아주 매니악한 IP예요. 저희가 북미에서 여러 가지 컬래버를 시도해봤지만 한 번도 성공하지 못해서 아예 미국인들이 좋아하는 IP를 활용해보기로 한 겁니다. 한국에서는 3,000명 규모의 팬클럽이 단 하나 있을 정도로 팬덤이 없는 IP였어요. 그래서 북미를 타깃으로 캠페인을 한 뒤 사흘이 지나 구글 플레이스토어 매출을 봤더니 저희 게임이 한국의 구글/애플 앱스토어 매출 순위 9위에 올라가 있는 거예요. 어떻게 된 일인가 하고 봤더니 이 IP 자체를 한국에 소개시키는 역할을 저희가 한 거더라고요. 또 알고 봤더니 한국의 팬클럽이 소수지만 굉장히 활발히 활동하고 있었더라고요. 이 팬들이 한국에 RWBY가 들어왔다는 것 하나만으로 매출을 일으켜주었던 겁니다.

이번에는 대중적 인지도의 IP에 대해 말씀드릴게요. 꾸러기 수비대와 같이 모두가 다 알고 있는 IP의 경우는 매출은 안 올라오지만 신규 CPI와 같은 단가를 떨어트리는 효과를 가져올 수 있어요. '복귀&신규 유저 추이' 그래프를 주 단위로 관리하고 있는데요. 꾸러기수비대 컬래버를 했을 때 대만과 비교해서 한국에서 신규 유저가 단기간에 급상승하는 성과가 있었어요. 한국 한정 효과인 걸 확인하고, KBS 더빙 성우와 주제가에 대한 라이센스를 한국에서만 구매하는 걸로 결정했어요. 이렇게 팬덤의 특성에 따라 마케팅의 목적을 다르게 가져가면서 캠페인을 집행했습니다.

한편, 팬덤에 대한 관리는 팬덤이 주로 활동하는 채널 선정이 일차적으로 중요합니다. '애프터라이프'의 경우, 처음 라이브하기 전에 벤치마킹할 수 있는 게임들을 설치한 유저들이 주로 활용하는 SNS를 분석해봤더니 트위터가 압도적이었어요. 그래서 이벤트, 광고 등 모든 커뮤니케이션을 트위터 중심으로 진행하고 있습니다.

포기하지 마라,
방법은 있다

지금까지의 이야기를 요약하면 컬래버 키워드의 첫 번째인 '콘텐츠'에서는, 낯섦이라는 것을 색다르고 대담한 조합에서 찾지 않더라도 밈, 즉 문화나 개성이나 활동들에서 뽑아내 색다르게 콘텐츠화 시킬 수 있다는 것, 그리고 IP와의 컬래버만 있는 건 아니라는 걸 말씀드렸습니다. 또 여러 가지 조합으로 가져온 밈을 스토리로 엮어주면 공감을 얻을 수 있을뿐더러, 2개의 브랜드 모두에게 컬래버의 명분을 만들어준다는 것을 기억해주셨으면 좋겠습니다. 두 번째 키워드 '퍼포먼스'에서는 코호트 기반으로 전후 유저를 분석해 가설을 설정하고, 목표하는 퍼포먼스에 따라 팬덤을 특징을 고려하는 것이 중요합니다. 사실 이 모든 것들은 마케팅 담당자의 세심하고 디테일한 관심에서 만들어집니다. 초반에 했던 질문, '브랜드의 가치를 더할 수 있는 방법은 없을까'에 대한 저의 답변은 여기까지입니다.

저는 한화이글스와 풀무원이 컬래버한 '포기하지마라탕면'을 좋아해요. 왜냐하면 한화가 가진 아이덴티티와 밈을 제품에 녹여냈고, 메시지와 공감대도 있거든요. 그러니까 우리도 포기하지 맙시다. 마케터로서 콘텐츠를 다르게 만들어 브랜드의 가치를 좀더 높일 수 있는 방법은, 포기하지 않는다면 항상 있다고 믿습니다.

게임 산업의 속성
- 10개 게임 론칭하면 1~2개 성공하는 전형적인 흥행산업

게임의 가치 더하기
- 인하우스 게임 마케터의 고민

  한정된 자원을 어떤 게임에 얼마만큼 투입하여 수익을 극대화할 것인가
- 마케팅의 3가지 지표
  - LTV: 마케팅 활동으로 거의 바꿀 수 없음
  - K값: 거의 바꿀 수 없지만 마케팅 활동으로 영향을 줄 수 있음
  - CPI: 장르 평균 내외에서 마케팅 활동을 통해 정해짐
- 마케터의 일

  거의 바꿀 수 없는 게임의 가치를 측정한 후에 그에 맞는 적절한 비용을
  투입하고, 그 비용의 효율성을 극대화하는 활동
- 게임의 가치를 더할 수 있는 방법은 없을까? 컬래버레이션이 답

게임 컬래버
- 초창기 게임 컬래버레이션

  주로 연예인 IP 활용, 스타 컬래버에 대한 업계 관심이 높아졌던 시기
  온라인 게임 그래픽의 발전, 모델을 게임 내 캐릭터로 구현
- 영화, 패션 등 장르와 업종 넘어 '예측 불가능한 조합'을 찾아가며 진화

컬래버에 접근하는 키워드

- 즐길 수 있는 콘텐츠: 낯섦과 공감
- 다음을 가능하게 하는 퍼포먼스

컬래버 키워드1: 콘텐츠

- 낯섦
  - 컬래버의 대상을 밈(생각, 스타일, 행동)으로 정의
  - 이미지가 아닌 즐길 수 있는 콘텐츠가 되기 위한 밈 요소들을 조합
  - 협업의 영역이 꼭 디자인, 이미지, 스타일에 국한되지 않음
  - 콘텐츠를 즐기는 방식에 변화를 부여
- 공감

  각 요소마다 스토리텔링

컬래버 키워드2: 퍼포먼스

- 컬래버의 효과를 극대화하는 성과 분석
  - 코호트 기반으로 전후 유저를 분석, 가설 설정
  - 캠페인의 성과를 빠른 호흡으로 분석해 반영
- 목표하는 퍼포먼스에 따라 팬덤의 특징을 고려

  소수 팬덤의 IP와 대중적 인지도의 IP는 마케팅의 목표가 다르다

새로운 재테크가 뜬다.
한정판에 돈을 써야 하는 이유

오세건, XXBLUE 대표

리셀 플랫폼 'XXBLUE' 대표를 맡고 있는 오세건입니다. 리셀 시
장은 스니커즈가 중심인데요. 제가 중학생 때부터 신발을 좋아했
으니 '덕업일치'에 성공했다고 할 수 있습니다.

중학교 때 명절에 받은 용돈으로 압구정동에 가서 처음 신발
을 샀어요. 나중에 그 신발을 깨끗이 닦아서 팔았는데요. 이후 좋
은 제품들을 발굴하면서 신발이 하나씩 늘어나는 재미를 느꼈어
요. 당시에는 리셀 플랫폼이나 한정판이 발매되는 매장이 없었
고, 일본에서 넘어온 물건을 파는 보따리 장사들이 대부분이었을
때예요. 어렵게 컬렉팅을 해가면서 리셀에 조금씩 눈을 떴던 것
같아요.

그런데 개인들과 거래할 때 불편한 점이 무척 많았어요. 돈
을 입금했는데 벽돌이 배달된 적도 있었습니다. 경찰에 신고해서

잡긴 했지만 굉장히 괴로운 시간이었죠. 그러면서 소비자를 위한 안전장치가 있었으면 좋겠다는 생각을 계속 해왔습니다. 2014년에 스니커 리셀 플랫폼을 창업한 적이 있었지만, 그때는 플랫폼에 대한 인식이 많이 부족할 때라 시기상조였어요. 계속 시기를 기다리다가 작년에 관계사인 서울옥션블루와 손잡고 XXBLUE를 오픈했습니다. 20년째 신발을 수집하고 사고팔면서 리셀 시장에 대한 니즈를 파악해 공식적으로 서비스를 진행하게 된 것입니다.

저는 2018년부터 신발 리뷰 유튜브 채널 '킥스플래닛'을 운영하고 있고, 작년에는 신발을 좋아하는 국내 톱 콜렉터 10명이 같이 《스니커 마니아를 사로잡은 스니커 100》이라는 책을 발간하기도 했습니다.

리셀의 중심,
스니커즈

코로나 바이러스와 장기불황으로 명품에 대한 니즈가 많이 늘어났어요. 그러면서 리셀 시장이 함께 주목받고 있습니다. 불과 몇 년 전만 해도 리셀 시장에 대한 관심이 지금만큼 높지는 않았는데, 작년 말부터 시작해 올해까지 큰 주목을 받고 있어요. 패션업계뿐만 아니라 다양한 업계에서 리셀 플랫폼에 대한 관심도가 높아져 있는 상황이에요.

그런데 왜 스니커즈가 리셀의 중심일까요? 포털에서 '스니커 리셀'을 검색해보기만 해도 엄청나게 많은 양의 글이 뜨는 걸 볼 수 있습니다. 리셀이란 어떤 제품을 사서 사용하다가 판매하는 경우, 사용하지 않고 새 제품 그대로 판매하는 경우 모두 해당하는데요. 스니커즈 리셀의 개념은 특히 수익을 창출하는 행위라고 말할 수 있습니다.

미국의 스니커즈 리셀 시장은 2019년에 2조 4,000억이라고 평가를 받았고, 2025년까지 약 7조 2,000억까지 시장이 늘어날 거라고 예상하고 있습니다. XXBLUE의 모체가 되는 미국의 '스톡엑스(Stock X)'는 작년에 1조 이상 기업으로 유니콘 클럽에 입성을 했고, 중국의 '두앱(毒App)'은 자국에서만 운영되고 있는데도 그 규모가 스톡엑스에 버금갑니다.

인기 있는 스니커즈 리셀 제품들을 한번 볼까요? '나이키맥'은 정가가 175달러였는데 9,900달러까지 올라 5,430%의 수익률을 보였어요. 194달러에 발매한 '조던3 레트로 오레곤 덕스 PE 프로모'는 2,000달러에 거래되니까 1,000% 수익률을 보장하고 있고요. 유명한 래퍼인 칸예 웨스트와의 합작품인 '나이키·칸예 웨스트 에어이지2 레드 옥토버' 역시 1,500%의 수익률을 자랑합니다. 그런데 왜 나이키 제품만 있고 다른 브랜드는 없는지 의문이 들지 않나요? 이 부분에 대해서는 뒤에서 설명드리도록 하겠습니다.

MZ세대와 소더비가 주목하는
스니커 리셀

100~200만 원대 비싼 신발을 구입하는 소비계층은 대부분 MZ세대예요. 요즘에는 모든 마케팅이 MZ세대에 포커스가 맞춰 있다고 해도 과언이 아닌데요. BCG(보스턴컨설팅그룹)의 조사에 따르면 MZ세대가 다른 세대에 비해 명품을 사고파는 비중이 1.5~2배가량 더 높았습니다.

제 생각에는, MZ세대가 SNS를 통해서 자기의 일상생활을 공유하고 소유한 것을 보여주는 것에 더 익숙하기 때문에 명품 등의 고가치 제품에 대한 니즈가 많은 게 아닐까 해요. 자기가 좋아하는 컬렉터블 아이템으로 소통하는 문화를 좋아하는 거죠.

예전의 X세대도 소비를 표방하는 세대였지만, MZ세대는 소비에서 그치지 않고 소비한 후에 다시 그것을 판매해 이익 재창출까지 하고 있습니다. MZ세대가 리셀에 흥미를 가지는 것은 재미가 있기 때문이라고 생각해요. 좋아하는 제품을 구입하는 재미에다, 리셀로 돈을 버는 재미까지 느끼는 거죠. 예를 들어 어느 매장 앞에서 10시간을 줄 서서 신발을 산 뒤 10만 원의 수익을 올렸다면, 그건 시급 1만 원에 해당하는 일인 건데요. MZ세대는 이런 걸 지인들과 함께 즐기는, 그러니까 일과 재미에 대한 경계가 없어진 세대라고 할 수 있습니다.

한편, 신발에 대한 관심은 MZ세대에 그치지 않고 경매시장

"MZ세대가 리셀에 흥미를
가지는 것은
재미가 있기 때문이라고
생각해요.
좋아하는 제품을
구입하는 재미에다,
리셀로 돈을 버는
재미까지 느끼는 거죠.
일과 재미에 대한 경계가 없어진
세대라고 할 수 있습니다."

에까지 이어지고 있어요. 작년 뉴욕 소더비에서는 나이키 최초의 러닝화 '문슈'가 경매가 약 5억 원에 낙찰되었습니다. 또 지난 5월 소더비 경매에는 마이클 조던이 1985년 농구게임에서 신었던 '에어조던1'이 나왔어요. 조던의 사인까지 되어 있는 제품이었죠. 낙찰 예상가가 10~15만 달러였는데요. 최종 낙찰가는 56만 달러, 한화 약 7억 원이었습니다. 소더비라고 하면 예술작품만 다룰 것 같은 세계적인 미술품 경매 회사인데, 그곳에서 신발에 대한 가치를 재평가하고 있는 추세입니다.

7만 원짜리가 2,000만 원이 되는 이유: 한정판이라서

조던이 몸담고 있던 시카고 불스의 컬러는 '흰색+빨간색+검정색'인데요. 이 컬러를 담은 '나이키 에어조던1 시카고'는 1985년에 첫 번째로 발매했고요. 이후 1994년, 2013년, 2015년, 2017년에 나온 신발을 보면, 다 비슷해 보이지만 스니커즈를 좋아하는 분들은 차이점을 알 거예요. 1985년에 나온 게 가장 비쌀 거라고 생각할 수 있지만, 다른 제품들도 모두 높은 프리미엄을 자랑하고 있습니다. 2017년 제품은 1985년 제품을 재해석해 오프화이트의 버질 아블로와 컬래버한 '오프화이트 에어조던1'인데요. 20만 원에 발매했지만 4년이 흐른 지금 600~700만 원에 거래되고 있어 3,000%의 수익률을 보여주고 있습니다.

그렇다고 조던의 신발만 인기가 있었던 건 아니에요. 스니커즈에 대한 붐은 20년 전인 2000년대 초반부터 불기 시작했는데요. 〈뉴욕포스트〉 2005년 2월 23일자에는, 신발 발매 현장에서 일어난 폭동이 실려 있어요. 총을 쏘고 유리창이 깨지는 등 초유의 사태가 발생했다는 내용이었어요. 이슈를 일으켰던 제품은 에어조던1이 아니라 나이키의 '덩크'로, 뉴욕의 편집숍 '스티플스'에서 150켤레만 발매한 제품이었죠. 친필 사인이 담긴 문슈나 에어조던1은 일반인들이 가질 수 없는 제품이었지만, 덩크는 선착순 판매였기 때문에 누구나 일찍 오면 살 수 있는 일반적인 신발이었습니다. 당시 발매가가 65달러 즉, 7만 원 정도였는데, 이 제품이 1년 전에 2만 2,000달러에 거래되었어요. 4,000%의 수익이 난 거죠. 7만 원짜리 신발이 2,000만 원이 넘는 신발이 된 이유는 금이나 다이아몬드를 박아서도 아니고, 유명 스타가 신어서도 아니었어요. 이 제품이 한정판으로 출시되었기 때문이었습니다.

그러면 한정판 신발들은 사놓기만 하면 무조건 오르는 걸까요? 절대 그렇지 않습니다. 수요와 공급의 법칙이 작용하기 때문에 공급이 굉장히 적고 수요는 반대로 폭발적이어야만 가격이 올라요.

에어조던만큼이나 역사가 깊고 마니아층을 많이 가지고 있는 '에어포스1'의 25주년 기념 신발을 예로 들어볼게요. 크로커다일과 아나콘다 가죽으로 만들고 18K 금이 들어가 있는 최고급 한정판 제품이었어요. 누가 봐도 수량도 적고 멋있고 소재도 좋았는데, 가격이 떨어졌습니다. 200만 원에 발매된 신발이 지금은 100만 원 정도에 거래가 되고 있어요. 소비자의 선택을 받지 못하면 한정판이라도 반값으로 떨어지는 거예요.

그래서 인기 있는 신발이 되는 이유를 알아나가는 게 중요합니다.

나이키가 비싼 이유: 마이클 조던의 스토리

에어조던의 인기를 이끄는 사람들에는 두 부류가 있어요. 첫 번째는 조던 하면 마이클 조던의 멋진 플레이가 생각난다는 사람들이에요. 현역 시절 수비를 뚫고 덩크슛을 내리꽂던 조던의 모습을 기억하는 사람들이죠. 회사에서 과장급 이상 되는, 90년대 NBA를 즐겨 봤을 법한 사람들입니다.

두 번째는 조던 하면 에어조던 운동화가 생각난다는 사람들입니다. 조던은 나이키 시리즈 가운데 하나고, GD와 BTS가 신은 신발이라고 생각하는 부류예요. 이들은 MZ 세대, 그 가운데서도 Z세대에 가까울 것 같습니다. 재미있는 사례를 하나 말씀드릴게요. 어느 블로거의 에어조던 리뷰인데 "외국 농구선수도 신었어요. 진짜 누가 신어도 간지 나네요, 조던 역시."라는 내용이었어요. 그런데 리뷰 속 사진에서 에어조던을 신고 있는 선수가 마이클 조던이었어요. 그러니까 MZ세대에게는 에어조던이 하나의 패션이고 아이콘이지, 멋있는 선수의 기억은 없는 거죠.

어쨌거나 X세대부터 MZ세대가 조던 하나에 다 엮여 있는 겁니다. 이는 나이키가 스포츠 스타에서 시작해 라이프스타일로 이끌어내는 작업을 해왔기 때문이에요. 에어조던1의 경우도 처음의 용도는 농구화였지만, 2010년 이후에는 아예 라이프스타일화라고 명명되어 나오고 있습니다. MZ세대에게 조던은 하나의 패션으로 자리잡아 라이프스타일이 되었어요.

그런데 에어조던1만 해도 1985년에 나온 제품을 계속 만드는 레트로 제품이다 보니 착용감이 좋을 리 만무한데요. 2020년에 나온 최신기술의 제품들에 비해 편할 리가 없는데도, 젊은 MZ세대들한테 나이키의 에어조던이 왜 인기가 많을까요? MZ세대들은 마이클 조던의 멋진 플레이를 본 적도 없는데 말이죠.

나이키는 MZ세대에게 마이클 조던의 영감을 알리는 작업을 지속적으로 하고 있어요. 지금 넷플릭스에서 절찬리에 방송되고 있는 '더 라스트 댄스'는 시카고 불스의 황금기를 보여주는 다큐멘터리 작품입니다. 이 다큐를 보면 조던의 열정과 노력, 리더십에 대해 알 수 있어요.

비싸고 높은 수익률을 내는 신발이 유독 나이키에만 있는 이유는, 나이키에는 다른 브랜드가 가지지 못한 스토리가 있기 때문이에요. 바로 마이클 조던이라는 스토리죠. 그의 열정, 노력, 환호의 순간들이 신발에 담겨 있기 때문에 팬들은 이 신발을 신음으로써 조던의 영광의 순간을 같이할 수 있어서 신발에 열광하고 찬사를 보내는 겁니다.

나이키가 1985년부터 2020년까지 35년 동안 에어조던을 속된 말로 많이 우려먹었잖아요. 그런데 MZ세대들에게 또 다시 어필하려니 단순히 패션으로만 다가가기에는 무리가 있어서 마이클조던의 황금기를 다시금 보여주는 겁니다. 넷플릭스를 MZ세대들이 즐겨보니까요.

한국에서도 조던의 인기가 높아져 조던 서울, 조던 홍대 등의 매장이 생겼어요. 아마 코로나19가 아니었다면 MZ세대에게 조던의 헤리티지를 전달하려는 작업을 더 많이 했을 거예요.

또 애플도 할 수 없는 색깔 놀이가 가능한 게 나이키의 장점인데요. 나이키가 에어조던1이라는 플랫폼을 두고 색상과 디자인을 바꿔가면서 수천 가지 모델을 만들 수 있는 것 역시 마이클조던이라는 스토리가 있기 때문이에요.

나이키와 디올의 만남

이번 연도의 가장 큰 이슈는 디올과 나이키의 컬래버 제품, '에어조던1 디올'이었어요. 신발 하나 당첨되면 전셋값을 낸다,

▲ 디올과 만난 에어조던

신발 하나 당첨되면 로또 2등이다. 별의별 스토리가 있었을 정도로 인기가 많았던 제품인데요.

디올과 만났으니 명품이니까 비싼 건가라고 생각할 수도 있지만, 디올의 경우 한정 발매를 해도 발매가 이상으로 거래가 되는 제품들은 그렇게 많지가 않습니다. 역시 조던이라는 헤리티지가 있었기 때문에 가능했다고 말씀드리고 싶습니다.

'운동화가 차 한 대 값… 에어디올 리셀가 400% 폭발'. 올해 7월 한 기사의 제목입니다. 에어디올을 300만 원에 발매했는데, 추첨을 통해 당첨된 사람이 2,000만 원에 되판 경우도 있었습니다. 디올에서 이 제품을 판매할 때 보낸 메일에는 '2개의 상징적인 하우스, 하나의 아이코닉 컬렉션'이라는 내용이 들어있었어요. 각각의 헤리티지를 담당하는 프랑스의 디올과 나이키의 에어조던이 만나 폭발적인 시너지를 내면서, 신발을 좋아하는 사람뿐만 아니라 신발에 관심 없는 사람들까지도 자동차 한 대 값의 신발이 있다는 것을 인지하게 되는 과정이었던 거죠.

에어디올의 디자이너 킴 존스(Kim Jones)는 맨즈패션의 최정점에 있는 사람인데요. 자신의 어린 시절의 조던에 대한 추억을 재해석해 에어디올을 만들었다고 해요. 디올이 왜 조던을 만드느냐는 질문에 그는 현대 남성들이 조던을 좋아하기 때문이라고 했어요. 그 말은 시대가 원하고 소비자들이 원하면 명품 브랜드도 그것을 만든다는 뜻입니다.

에어디올은 처음에는 2,000만 원까지 올라갔다가 1,000만 원까지 가격이 내려갔습니다. 가격은 결국 시장에서 형성이 됩니다. 초반에는 에어조던이 처음 명품과 만난 것에 대한 기대감과 언론에서의 뜨거운 반응 때문에 2,000만 원까지 올라갔던 건데요. 신발을 2,000만 원이나 주고 살 사람이 얼마나 있겠습니까? 신발이 제 주인을 다 찾아가고 난 뒤 나머지 제품들이 서로 가격 경쟁을 하면서 현재는 1,000만 원까지 가격이 내려왔습니다. 리셀 가격은 철저하게 시장 논리에 의해 정해지고, 리셀 플랫폼은 중개 플랫폼이기 때문에 가격 결정에 아무런 개입도 하지 않습니다. 하지만 추후에 이 제품이 다시 2,000만 원까지, 아니 5,000만 원까지 가지 말라는 법도 없습니다.

XXBLUE의 강점:
콘텐츠 확장력과 철저한 검수 전문인력 보유

제가 나이키에 대한 이야기만 많이 해 그쪽 관계자라고 착각할 수도 있을 것 같은데요. 이제 본격적으로 저희 회사에 대해 설명드릴게요. XXBLUE는 역경매·경매 플랫폼 회사입니다.

에어디올을 사고 싶은 사람이 중고나라나 당근마켓에서 1,000만 원을 주고 선뜻 구매할 수 있을까요? 그 제품이 정품이라는 보장은 누가 해 주죠? 그리고 1,000만 원이라는 돈을 현금으로 주고받다가 행여나 나쁜 일을 겪게 되면 어떻게 할까요? 그런 부분들에 대한 우려를 보완하고자 만든 플랫폼이라고 생각하시면 됩니다.

XXBLUE는 중개업체로, 신발을 가진 사람과 신발을 사려는 사람 가운데서 정·가품 검수를 하고 실제 거래가 정보를 제공하는 사이트입니다. 신발에 대한 정보가 잘 없었을 때는 중고나라에서 10만 원 주고 샀는데 다른 데서 5만 원에 팔던 제품인 경우도 있었어요. 정보의 불균형, 비대칭성 때문에 소비자가 현명한 판단을 할 수 없어서 손해를 입는 케이스가 많았는데, XXBLUE에서는 실시간으로 거래가를 보여주기 때문에 그런 일이 생길 수 없습니다. 그리고 원하는 판매가와 구매가를 서로 입력해 맞춰가는 단계가 있어서 더 합리적인 금액으로 사고팔 수 있습니다.

XXBLUE는 한정판 거래 플랫폼이어서 신발만 거래하는 건 아닙니다. 모든 한정판 제품들이 XXBLUE의 상품 등록 대상인데요. 스니커즈는 수많은 카테고리 중 하나로, XXBLUE를 견인해주는 존재고요. 삼성의 '갤럭시 폴드 톰브라운 Z플립'이나 올 여름 인기가 많았던 스타벅스 '레디백'도 저희 플랫폼에서 거래가 많이 이뤄졌습니다. XXBLUE에서는 슈프림이나 팔라스 같은 스트리트웨어처럼 재생산될 수 있는 제품들부터 명품, 시계 등 다양한 카테고리의 제품이 거래되고 있으며, 파인아트까지 다룰 예정입니다.

이처럼 XXBLUE는 1차 시장에서 나온 제품에 다시 한번 생명을 불어넣어 2차 시장에서 판매자와 소비자를 연결시켜주는 역할을 하는 회사입니다. 일반적인 유통에서라면 한 번 판매를 하면 끝이지만, 리셀 플랫폼에서는 판매자와 구매자가 서로 역할 전환이 되고 한 제품에 대한 거래가 100번이고 1,000번이고 일어날 수 있습니다. 이러한 특성 때문에 가치 있는 제품에 프리미엄이 붙는 건데요. XXBLUE에서는 판매자와 구매자가 서로 원하는 가격을 맞춰가는 합리적인 시스템을 추구하고 있습니다.

그리고 무엇보다 XXBLUE의 가장 큰 장점은 철저한 검수 인력입니다. 신발뿐만 아니라 다른 분야에서도 전문인력을 보유하고 있어서 카테고리 확장에 유리한 상황입니다. 또 XXBLUE는 가수 그레이와 협업해 한정판 티셔츠를 단독 발매하기도 했어요. 앞으로도 아티스트와 컬래버레이션을 통해 XXBLUE의 단독 제품을 계속 만들려고 합니다.

더욱더 커질
스니커즈 리셀 시장

리셀 플랫폼은 최근 몇 년 사이에 대중적이 되었습니다. 국내 한정판 스니커즈 리셀 플랫폼 업체 현황을 보면, 네이버, 무신사, KT 등이 진출해있습니다.

그러면 리셀 플랫폼의 수익은 어떻게 창출될까요? 미국의 스톡엑스 같은 1세대 플랫폼은 개인 간의 거래가 이루어질 수 있게 해주었다면, 중국의 두앱은 개인 간의 거래 중계뿐만 아니라 1차 마켓의 역할도 하고 있습니다. 나이키, 뉴발란스, 아디다스 같은 브랜드들이 두앱에서 판매를 하는데, 그 물량이 일반 유통보다 훨씬 더 많다고 합니다. 카테고리의 경계가 무너졌다고들 이야기하는데, 리셀 플랫폼은 그 자체가 유통과 리셀의 경계를 무너뜨렸다고 할 수 있습니다. 지금까지는 리셀 플랫폼이 1차 시장에서 나온 제품을 2차 시장에서 순환시키는 구조였지만, 앞으로는 1, 2차 플랫폼과 유통 구조가 통합될 거예요. 그래서 리셀 플랫폼 안에서 하나의 제품이 영원히 판매와 구매를 반복할 수 있어서, 판매자가 구매자가 되고 구매자가 또 판매자가 되는 그런 P2P의 모습을 저희는 꿈꾸고 있습니다.

앞으로는 스니커즈 리셀 시장은 더 커질 거예요. 스타트업이 시작했던 우리나라 리셀 플랫폼 시장에 대기업들이 들어와 판을 키우고 있고, 매출이 점점 늘어나고 있습니다. 나이키가 전 세계 12개 국가 주요 도시를 선정하였는데, 그중 한 곳으로 서울이 지목되었습니다. 이는 더 많은 한정판이 발매될 수 있음을 의미합니다. 기업들이 한정판을 많이 만들어내는 추세이고, 한정판 시장이 커지면 리셀 시장도 커질 수밖에 없습니다. 하지만 한정판이 나왔을 때 단순한 판매로 끝난다면 더 많은 매출이 일어나지 않습니다. 하지만 XXBLUE와 같은 리셀 플랫폼의 존재로 인해 1차 시장과 2차 시장의 규모가 함께 커져나갈 것이라고 생각합니다.

리셀 시장 현황

- 스니커즈가 리셀 시장의 중심
- 미국 스니커즈 리셀 시장 2019년 2조 4,000억 규모
- 대표적 리셀 플랫폼: 미국 '스톡엑스', 중국 '두앱'
- 고수익 스니커즈들: '나이키맥', '조던3 레트로 오레곤 덕스 PE 프로모',
  '나이키 · 칸예 웨스트 에어이지2 레드 옥토버' 등
- 명품 신발 사고파는 계층 대부분은 MZ세대
- 소더비에서도 스니커즈 경매가 이뤄짐

나이키와 마이클 조던

- 조던 하면, X세대에게는 마이클 조던의 멋진 플레이가, MZ세대에게는
  에어조던이 연상됨
- 나이키는 스포츠 스타에서 시작해 라이프스타일로 이끌어내는 작업을
  해옴
- MZ세대에게 조던은 하나의 패션이자 라이프스타일
- 나이키의 신발이 비싼 이유는 마이클 조던이라는 스토리가 있기 때문
- MZ세대에게 조던을 어필하기 위해 넷플릭스 '더 라스트 댄스' 방송
- 한국에서도 조던 인기 상승– '조던 서울', '조던 홍대' 매장 오픈
- 에어디올: 나이키와 디올의 만남. 발매가 300만 원→2,000만 원

XXBLUE와 리셀 플랫폼 전망

- XXBLUE
- 역경매·경매 플랫폼 회사
- 신발을 가진 사람과 신발을 사려는 사람 가운데서 정·가품 검수를 하고 실제 거래가 정보를 제공하는 중계 사이트
- 신발뿐 아니라 다양한 카테고리 제품 거래
- 철저한 검수 전문인력 보유
- 국내 리셀 플랫폼: 네이버, 무신사, KT 등 진출
- 리셀 플랫폼이 1차 마켓의 역할도 담당해 유통 경계가 무너지고 있음
- 스니커즈 리셀 시장은 앞으로 더 커질 것임

대한민국은 지금 당근에 빠졌다!
지역 커뮤니케이션을 삼킨 당근마켓

최정윤, 당근마켓 마케팅 팀장

당근마켓의 탄생과 성장 이야기를 말씀드릴 당근마켓 마케팅 담당 최정윤입니다. 당근마켓 서비스 소개와 마케팅 이야기, 그리고 지역 사회 커뮤니티로 거듭나고 있는 당근마켓이 어떻게 고객과 커뮤니케이션을 해왔는지, 또 앞으로 당근마켓이 커뮤니티로서 어떤 계획을 가지고 있는지에 대해서 공유해드리려고 합니다.

당근마켓,
5년 만에 MAU 900만 돌파

당근마켓이란 '당신의 근처+마켓'이란 의미입니다. 당근마켓의 미션은 '동네 이웃 간의 교류와 연결을 통해서 사람들의 삶을

226

더 행복하게 만들자.'는 거예요. 당근마켓은 동네 이웃과 함께하는 지역 생활정보 플랫폼으로, 2015년 7월 '판교장터'로 시작했고 그해 10월 당근마켓으로 서비스명을 변경해 현재에 이르고 있습니다. 처음에는 판교 테크노밸리에서 IT회사 직원들끼리 직거래하는 서비스를 시도했다가, 직원들의 가족이나 지인들도 이용하고 싶어 하는 경우가 많아져 판교에 살거나 활동하는 사람들로 대상을 확대했어요. 그리고 그 니즈가 점점 전국으로 확대되면서 당근마켓으로 이어지게 된 겁니다.

당근마켓 서비스에는 3가지 큰 특징이 있습니다. 첫째, 쉽다는 건데요. 모바일로 10초 안에 물건을 등록해 채팅으로 바로 거래를 할 수 있습니다. 둘째, 신뢰할 수 있는 동네 주민과 거래를 한다는 거예요. 저희는 거래 후기, 매너 평가, 비매너 신고 등을 통해 유저의 신뢰도 평가에 주력하고 있습니다. 셋째는 직거래라는 점입니다. 당근마켓은 각 지역 동네 마켓을 반경 6km로 묶어 운영하고 있어요. 따라서 걷거나 자전거를 타고 쉽게 이동할 수 있는 거리의 사람들과 직거래를 할 수 있습니다.

당근마켓은 2020년 6월 기준 MAU(Monthly Active Users, 한 달 동안 해당 서비스를 이용한 순수한 이용자 수를 나타내는 지표) 900만 명을 돌파했고, 사용자당 하루 체류시간이 22분 정도로 매우 깁니다. 사용자들이 단순히 중고 거래를 하는 것에서 그치지 않고 동네에 대한 정보와 이야기를 공유하는 플랫폼으로 발전하고 있는 것이

지요.

그러면 MAU가 900만까지 성장하는 과정에서 마케팅 팀이 어떤 일들을 해왔는지 말씀드리도록 하겠습니다. 제가 외부 사람들에게 가장 많이 듣는 질문 가운데 하나가 당근마켓 마케팅 팀이 몇 명인가 하는 건데요. 현재 4명이 마케팅 업무를 진행하며 서비스를 만들어가고 있습니다. 마케팅 팀은 크게 두 파트로 나뉘어져 있어요. 하나는 마케팅 전략이나 광고 매체 최적화, CRM(Customer Relationship Management, 고객관계관리), 데이터 분석을 하는 파트이고, 다른 하나는 유저들과 커뮤니케이션을 잘할 수 있게 콘텐츠를 기획하고, SNS 채널을 운영하고, 광고 소재 제작, 앱 내 캠페인 등을 하는 파트입니다.

당근마켓 마케팅 팀은 성장에 관한 마케팅 철학이 있는데요. 우선 당근마켓처럼 다운받아 사용하는 앱 서비스의 핵심 지표는 '리텐션'이라고 생각하고, 얼마나 더 많은 유저들이 자주 우리 서비스를 이용할 수 있을까에 대해 지속적으로 고민하고 있습니다. 그래서 리텐션을 올릴 수 있고, 유저들이 당근마켓을 더 잘 사용하고 오래 머물 수 있게 하는 것이 마케팅 팀에서 지향하는 방향입니다. 이 방향 안에서 광고와 당근마켓만의 서비스 가치, 브랜딩을 녹이는 작업을 하고 있습니다.

성장 1단계:
1,000명의 유저를 모으자

당근마켓의 성장을 세 단계로 나눠, 각 단계별 마케팅 팀의 역할에 대해 말씀드릴게요. 첫 번째 단계는 론칭에서부터 MAU 100만 명이 될 때까지로, 2018년 8월까지의 이야깁니다.

저희가 론칭를 할 때 '1,000명의 유저가 모였을 때 비로소 커뮤니티가 활성화된다.'는 가설을 세우고 마케팅을 시작했어요. 이 가설은 저희만의 가설은 아니고, 유명한 IT 서비스들이 대체로 1,000명의 유저를 모으는 전략으로 사업을 시작해요. 페이스북은 친구 초대를 통해서 1,000명의 유저를 모았고, 틴더는 직접 오프라인으로 나가서 1,000명의 유저를 모았어요.

당근마켓도 판교장터를 시작할 때 잠재 고객들을 직접 만났어요. H스퀘어 S동 1층 스타벅스 앞에 판교장터를 열고 중고물품 게시물을 올린 유저에게 샤오미 선풍기를 지급하는 이벤트부터 플리마켓에 당근을 포장해 가져가 당근마켓을 알리는 홍보까지, 1,000명의 유저를 오프라인에서 만나기 위해서 노력했습니다.

그런데 그 과정에서 판교뿐 아니라 다른 지역에서도 저희 서비스를 이용하고 싶다는 문의가 많아서 순차적으로 지역을 오픈하게 되었어요. 지역을 오픈할 때는 그 지역에 맞는 디지털 광고를 하고 친구를 초대하는 바이럴 장치를 앱 내부에 마련해두었습니다. 이런 부분들이 자연스럽게 선순환 되면서 2018년 1월 전국 오픈을 하게 되었고, 그해 8월 MAU 100만을 달성했습니다. 1,000명의 유저가 커뮤니티 안에 들어오고 커뮤니티 활성화를 확인한 뒤 순차적으로 지역 오픈을 하다 보니, 100만까지 가는 데는 시간이 꽤 걸렸다고 볼 수 있습니다.

성장 2단계:
선택과 집중! 최적화와 싸우다

두 번째 단계는 MAU 100만에서 400만까지의 과정으로, 2018년 9월부터 2019년 11월까지 1년 2개월 정도의 기간입니다. 그때 당시는 4명보다 더 적은 인원이 마케팅 팀에서 일하고 있을 때였는데, 이때 고민했던 부분은 선택과 집중이었어요. 그리고 그건 결국 최적화와의 싸움이었습니다.

얼마나 더 최적화할 수 있을지에 대해 고민이 많았는데, 여기서 최적화란 저희 팀 기준에서는 '규모에 따라 매체를 잘 운영하는 것', '유저를 만날 수 있는 터치 포인트에서 전환율을 높이는 것', '지속적인 테스트와 새로운 시도'를 하는 것이었어요.

계속 테스트를 하면서 전환율을 높이려고 했는데, 특히 이 시기에는 페이스북, 구글애드워즈, 애플서치애드의 3개 매체에 집중하면서 최적화하기 위해 노력했어요. 그렇다면 디지털 광고에 집중하면서 오가닉 유저는 어떻게 했을까에 대한 질문이 있을 텐데요. 저희는 ASO(App Store Optimization, 앱 스토어 최적화)에 신경을 많이 썼어요. 왜냐하면, 유저가 광고를 보거나 검색을 했을 때 처음 마주하는 화면이잖아요. CVR(Conversion Rate to Download)을 높이기 위한 고민을 했는데, 전환율이 높아지면 CPI(Cost Per Install)를 낮출 수 있죠. 그래서 저희는 이런 부분에 많은 투자를 했고, 앱 스토어의 경우 애플서치애드를 적극적으로 이용하면서 전환율을 높일 수 있는 선순환 구조를 만들려고 노력했습니다. ASO에서 전환율을 높일 수 있는 요소들을 지속적으로 테스트를 하면서 전환율을 높이는 데 힘을 썼어요.

2018년 9월에 안드로이드에서 오가닉 리포트 기능을 배포하면서 저희도 데이터를 살펴보기 시작했는데, 그때 당시 100만이 되었고 당연히 사람들이 더 많이 써줄 거라고 생각했는데, 막상 데이터를 보니까 최초 설치 사용자의 전환율이 26.4%에 불과한 거예요. 경쟁사들에 비해 전환율이 떨어진다는 걸 인지하고 이 부분을 개선하려고 노력했습니다.

특히 저희는 플레이스토어 안에서 AB 테스트를 적극적으로 했습니다. 스크린샷 테스트부터 시작해 영상, 문구 등 테스트를 다양하게 했는데, 영상이 있는 버전, 스크린 샷만 있는 버전 등으로 AB 테스트를 해 더 좋은 결과값을 적용하는 것을 계속 반복했고요. 그 결과 2018년 9월 26.4%에서 2020년 5월 기준 55.3%까지 개선할 수 있었습니다.

성장 3단계:
온라인에서 못 만나는 고객과 터치 포인트 늘리기

세 번째 단계는 2019년 12월부터 현재까지, MAU 900만까지의 이야기입니다. 이때는 앞서 두 번째 단계 때 집중했던 3가지 매체에 대한 전략을 조금 바꾸었습니다. 페이스북은 전환 캠페인의 비중을 조금 높이는 방향으로 진행했고, 구글애드워즈의 경우 기존 캠페인을 진행하면서 동시에 리타깃팅 캠페인을 계속 진행했어요. 애플서치애드에서는 여성만 타깃으로 캠페인을 한다든가 하는 방법으로 타깃을 다양화하고, 구글과 마찬가지로 리타깃팅 캠페인을 하면서 신규 유저들을 더 끌어 모을 수 있는 전략을 취하고 있습니다.

저희가 가장 최근에 했던 페이스북 캠페인 테스트에 대해 좀 더 설명을 해보도록 할게요. 저희는 원래 앱 설치 광고에 비중을 많이 두고 있었는데, 1차 테스트에서는 앱 설치 광고와 인앱 최적화 가운데 어떤 캠페인이 효율적인지 테스트했습니다. 처음에는 인스톨 캠페인이 효과가 있었지만 시간이 지나면서 인스톨 캠페인의 전환율이 급격히 떨어졌고, 등록완료 캠페인의 전환율은 유지, 상승세인 것을 알 수 있었어요.

두 번째 테스트에서는 인앱 최적화와 앱 설치 최적화에 대한 예산 비중 테스트를 진행했어요. 캠페인을 운영하는 과정에서 최적의 예산 비중을 파악하기 위함이었죠. 얼마를 기준으로 예산을 쏟아야지 가장 극대화된 퍼포먼스를 낼 수 있을까에 대한 고민을 많이 했어요. 2차 테스트에서 세트A의 경우 인스톨 캠페인과 전환 캠페인의 예산 비중 50:50으로, 세트B의 경우 인스톨 캠페인과 전환 캠페인의 예산 비중을 30:70의 기준으로 두고 비교를 했어요. 그랬더니 전환 캠페인에 70%의 예산을 쏟은 세트B에서 설치-전환 보존율이 11% 개선되고, 설치-전환 비용은 29% 개선된 것을 알 수 있었어요. 테스트는 한 번에 끝내지 않고 연속적으로 다양한 테스트를 많이 진행하려고 하고 있어요. 현재에도 30:70뿐만 아니라 어떻게 하면 더 극대화할 수 있을지에 대해서 예산 기준 테스트라든가 또 다른 전환 목표를 가지고 테스트를 계속 진행하고 있습니다.

그런데 저희가 작년 11월쯤 MAU 400만을 달성한 뒤 고민했던 부분은, '온라인에서 만나지 못하는 고객과 터치 포인트를 어떻게 늘릴 수 있을까'였어요. 터치 포인트는 소비자가 브랜드를 경험하게 되는 순간을 말합니다. 올해 초에는 한국방송광고진흥공사를 만나면서 TV 광고를 진행해야 할지, 조금 더 큰 대형 브랜딩 캠페인을 진행해야 할지 고민을 하다가, 코로나19가 터지면서 예산이 거의 삭감 되었어요. 코로나 이슈로 저희 같은 IT 서비스의 경우에는 서비스를 더 알리는 것보다는 살아남는 게 더 중요한 상황이 된 거죠.

그래서 대형 브랜딩 캠페인이나 TV 광고 등을 할 수 있는 상황이 아니었어요. 하지만 그렇다고 해서 저희 고민을 해소하지 않고 넘길 수는 없었죠. 그래서 저희가 선택했던 것이 비용을 세이브하면서도 인지도를 높일 수 있는 가상광고였습니다.

당근마켓이 처음 집행하게 된 가상광고는 MBC에서 진행하는 '공유의 집'이라는 프로그램이었어요. 2019년 12월에 2부작 파일럿으로 방영한 건데, 여러 공유 경제 테마 가운데 하나로 당근마켓이 소개되었죠. 그런데 가상광고 경험이 처음이다 보니 실제로 당근마켓의 인지도를 올리는 데 기여하지는 못했습니다.

그 이후 당근마켓이 만나게 된 프로그램은 JTBC의 '유랑마켓'이었어요. 공유의 집이 공유 테마 중의 하나로 당근마켓이 소개된 데 반해, 유랑마켓은 스타들이 직접 당근마켓을 사용해서 직거래를 하는 프로그램이었어요. 가상광고에는 회의적이었지만, 당근마켓을 MC들이 직접 사용한다면 당근마켓의 서비스 가치를 프로그램에 많이 담을 수 있지 않을까 긍정적으로 고민하게 되었고, 그 결과 2020년 2월부터 진행하게 되었습니다.

예산이 한정되어 있는 상황에서 온라인에서 만나지 못하는 고객들을 만나고자 가상광고를 택했는데, 유랑마켓의 경우 직거래에 대한 가치, 그리고 이웃에 대한 가치들을 많이 담아주어서 당근마켓의 인지도가 많이 올라갔다고 생각합니다.

당근마켓의 브랜드 언어:
친절한 토박이

이제 당근마켓이 고객과의 커뮤니케이션을 어떻게 해왔는지 이야기해보려고 합니다. 먼저 당근마켓의 브랜드 언어에 대해서 말씀드릴게요.

저희는 어떻게 사용자에게 말해야 할까에 대해 고민을 많이 했습니다. 보통 중고거래 플랫폼에 대해서는 신뢰가 없는 경우가 많잖아요. 그래서 저희는 당근마켓이 사용자들로부터 신뢰를 얻고 더 친근하게 다가가기 위해 어떻게 이야기하면 좋을까 생각했고, 당근마켓이 중고거래를 하는 곳이기 이전에 신뢰할 수 있는 곳이어야 한다고 보았습니다.

저희의 결론은 객관적인 이야기를 하기 위해 반드시 진지하고 딱딱할 필요는 없다는 거였어요. 그래서 '말 걸기 편하고 착하게 생겼는데 뭐든지 물어봐도 동네에 대해서 다 알고 있고 친절하게 설명해주는 토박이' 콘셉트로 유저들과 커뮤니케이션하기 시작했습니다. 당근마켓 사용자들이 '이웃과 커뮤니티의 가치를 느끼고 사랑하게 하자'라는 목표를 가지고 커뮤니케이션해 왔어요. 또 중고거래라고 하면 부정적인 이미지가 있는데 저희의 말투나 톤앤매너를 통해서 그 부분을 해소하려고 노력했습니다.

'중고나라'를 경쟁사로 여기냐는 질문도 많은데, 저희는 중고

"당근 마켓은
우리 동네에서 얼마나
따뜻한 나눔이 일어나고 있는지,
이웃들과 함께
얼마나 환경을 아꼈는지,
지역 커뮤니티에 대한 가치를
전달하고 있습니다."

나라를 경쟁상대로 생각하지 않고 있어요. 저희가 잘하고 있어서 드리는 말씀은 결코 아니에요. 이용자 수도 중고나라가 훨씬 더 많고요. 다만 둘은 아예 다른 카테고리이고, 다른 접근을 하고 있다고 생각합니다. 당근마켓은 동네에서 일어나고 있는 모든 일들과 정보를 연결해주는 플랫폼이기 때문에 중고나라와 가는 길이 다르다고 생각합니다.

어떻게 보면 맘카페와 비슷하다고 느낄 수도 있을 것 같아요. 그런데 당근마켓은 맘카페에 비해 동네의 범위를 확 줄여놓았어요. 맘카페가 더 많은 지역을 커버할 때, 당근마켓은 하나의 동 안에서 커뮤니티를 형성하는 거죠. 그래서 정보가 조금 더 클린할 수 있지 않을까 생각합니다.

한편, 당근마켓은 유저들의 신뢰를 얻기 위해 플랫폼으로서 여러 가지 노력을 하고 있어요. 예를 들어 머신러닝 팀이 따로 있어서, 사기 패턴을 분석해 실시간으로 제재를 하고요. 주소나 전화번호를 공유할 때 유저들에게 경고 메시지를 띄우고 당근마켓 채팅방이 제일 안전하다고 알리고 있습니다. 이렇게 시스템 안에서 관리를 많이 하고 있고, CS면에서도 유저들의 불만이 있을 때 도움을 드리기 위해 힘쓰고 있습니다.

브랜딩 캠페인:
따뜻한 마음을 나누자

이번에는 저희가 유저들과 어떻게 커뮤니케이션을 하고 있는지 사례를 통해서 설명 드리겠습니다. 먼저 당근마켓의 정기적인 브랜딩 캠페인 '가계부'에 대해 말씀드릴게요. 가계부는 매월 1일 지난 달에 대해서 거래 내역을 정산해서 보여주는 거예요. 판매 건수, 무료 나눔 수, 우리 동네 전체 거래액 등을 보여주는데요. 단순히 가계부라고 하면 내가 거래한 내역을 받는 거라고 생각할 수도 있지만, 당근마켓의 가계부는 우리 동네 이웃들이 얼마나 거래를 하고 있고, 우리 동네에서 얼마나 따뜻한 나눔이 일어나고 있는지, 이웃들과 함께 얼마나 환경을 아꼈는지, 즉 지역 커뮤니티에 대한 가치를 전달하고 있습니다.

당근마켓의 두 번째 정기적인 브랜딩 캠페인은 매월 11일에 진행하는 '나눔의 날'이에요. 11일에 하는 이유는 '1+1=마음을 나누다'는 뜻에서 11일에 진행하고 있습니다. 물건을 나누면서 마음을 나누자는 의미입니다. 나눔의 날 콘셉트는 더 이상 나에게 필요로 하지 않지만 다른 누군가에게 꼭 필요하다고 생각하는 물건을 따뜻한 마음으로 나누는 날이에요.

나눔의 날을 기획을 하게 된 배경에 대해서 설명을 드리면, 저희 서비스의 초기 핵심 사용자 가운데 육아를 하는 어머니들이 많았는데요. 육아용품의 경우 교체 주기가 빠르고 트렌드도 빨리 바뀌잖아요. 어머니들이 더 이상 필요 없는 육아용품이지만 내 아이의 추억과 손길이 닿은 거라 쉽게 버리지 못한다는 걸 유저 인터뷰를 통해 알게 되면서, 추억이 담긴 물건들을 진짜 필요한 사람들에게 나눠주면 더 의미가 있고 따뜻함을 느낄 수 있겠다고 생각해서 나눔의 날을 진행하게 되었습니다.

매월 유저들이 나눔의 날 때 당근마켓 서비스에 후기를 남겨주는데요. 저희가 후기 중에서 공유하면 좋을 따뜻한 사연들을 뽑아 게시글을 올리고 있어요. 작년 12월에는 곰인형을 나눔한 사연을, 올 2월에는 코로나가 심할 때 마스크를 나눔한 분의 이야기를 올렸어요. 힘든 시기를 잘 이기기 위해 서로 따뜻한 마음을 나누자는 메시지를 계속 전달하고 있습니다.

당근마켓의 세 번째 정기적인 브랜딩 캠페인은 '연말 시상식'입니다. 당근마켓은 매년 연말에 '올해의 인물' 시상식을 진행하고 있어요. 이 시상식은 어떤 특정한 한 사람만을 뽑는 건 아니고요. 당근마켓을 잘 사용해준 많은 유저들에게 감사한 마음을 전달해드리는 자리입니다. 상과 함께 연간 총 거래액, 당근 이웃이 된 기간 등을 보여주고, 더불어 환경보호에 대해서도 강조하고 있어요. 중고거래를 하면 온실가스가 배출되지 않기 때문에 환경을 아낄 수 있다는 점을 연말 시상식을 통해서도 알리고 있습니다.

정기적인 브랜딩 캠페인 이외에도 당근마켓은 이슈에 맞춘 캠페인도 진행하고 있어요. 예를 들어 작년 강원도에 산불이 크게 났을 때, 강원도 마켓에서 활동하는 유저들이 산불로 힘들다는 글을 많이 올려주셨어요. 그래서 당시 나눔의 날을 준비하면서 '강원도 산불 구호 캠페인'을 제안한 적이 있었어요. 그랬더니 전국 각지에서 1,000여 명의 유저들이 구호물품을 보내주셨어요.

이 캠페인의 경우 '#당근이웃 #함께이겨내요' 라고 해시태그를 달아 당근마켓에 올려 모두가 응원하고 있다는 메시지를 전달했고요. 속초시청 등 강원도에 직접 구호물품을 보내는 식으로 캠페인을 진행했습니다.

또 지난 6월에는 '환경의 날' 캠페인을 벌였는데요. 당근마켓은 환경을 중요한 콘셉트로 생각하고 있기에 6월 5일 환경의 날을 맞이해서 유저들과 함께 일상에서 실천할 수 있는 환경 팁을 공유하는 이벤트를 진행한 거였어요. 특별히 이 캠페인을 소개시켜드리는 건 당근마켓 유저들의 참여도를 보여드리고 싶어서예요. 유저 '길잡이별' 님을 예로 들면, 이분은 혼자서 15개의 환경 팁을 공유했는데요. 당근마켓은 웹이 아닌 완전한 모바일 앱 기반이라, 15개의 팁을 휴대전화로 다 타이핑한 거예요. 그 엄청난 노력을 보면서 유저들이 좋은 정보를 공유하고 싶어 하는 니즈가 있다는 걸 다시금 알게 되었어요. 그래서 유저들이 공유할 수 있는 장을 더 많이 마련하기 위해 노력하고 있습니다.

"우리 모두 당근해요!"

마지막으로 앞으로 당근마켓의 계획에 대해 말씀드리겠습니다.

최근에 당근마켓 팬 계정이 생겼어요. 저희도 어떤 분인지 모르는데, 이분이 자신이 당근마켓 거래를 한 이야기를 그림으로 그려 계정에 올려주고 계시거든요. 또 SNS에 이슈에 맞춰 짤들이 올라올 때 당근마켓이 언급되는 경우가 많아요. 드라마 '부부의 세계'가 한창 인기가 있을 때 트위터에 '준영이 내 아들이었으면 당근마켓에 진작 팔았어.'라는 짤이 올라왔는데, 바이럴이 엄청나게 되었어요. 또 인스타그램에 '신촌역 의자에 앉아 있었는데 어떤 분이 '당근이세요?'라고 조심스레 물어봐서 '그게 뭐예요?' 했더니 그냥 가시길래 뭐지 싶었는데 당근마켓이었구나.'라는 글도 있었고요. 그런 걸 보면서 당근마켓을 정말 많이 사용하는구나 하고 느끼고 있습니다.

한편으로 당근마켓을 아직 잘 알지 못하는 분이 '당근마켓의 뜻이 당신 근처의 마켓이라는 게 충격이었다.'는 글을 쓴 걸 보면서는, 저희 마케팅 팀에서 놓치고 있는 부분이 있다는 걸 깨닫기도 합니다.

이런 반응들을 바탕으로 당근마켓 마케팅 팀은 꽤 길게 가져갈 목표를 세웠습니다. '구글하다'라고 하면 사람들이 구글한다는 걸로 다 알아 듣잖아요. 이렇게 특정 서비스가 아주 유명해지거나 사람들이 많이 쓰면 동사가 되는 경우가 있는데, 당근마켓도 '당근하다'고 하면 당연하게 당근마켓을 하는구나 하고 알아들을 수 있도록 노력해보려고 합니다.

서비스 소개

- 당근마켓: 동네 이웃과 함께하는 지역 생활정보 플랫폼
- 언제: 2015년 7월 판교장터 오픈

  2015년 10월 당근마켓으로 서비스명 변경
- '당신의 근처'+'마켓'=당근마켓
- 당근마켓의 특징
  - 쉽게: 모바일로 10초 만에 물건 등록, 채팅으로 거래 가능
  - 신뢰할 수 있는 동네 주민:유저 신뢰도 평가에 주력
  - 직거래: 동네 사람들과 걸어서 혹은 10분 이내의 이동 거리에 있는 사람들과 직거래
- 당근마켓의 성장
  - 2020년 6월 MAU 900만 명/사용자당 하루 체류시간 22분
  - 앱스토어 순위 (2020년 6월 기준): Android 쇼핑 1위, 전체 1~2위

    iOS 쇼핑 1위, 전체 1~2위

마케팅

- 마케팅 팀의 철학
  - 서비스 핵심 지표는 리텐션
  - 얼마나 더 많은 유저들이 자주 서비스를 이용하게 할 수 있을까에 대한 지속적인 고민
- MAU 0~100만 (당근마켓 론칭~2018년 8월)

- 직접 잠재 고객 만나 1,000명의 유저 모으기

- 순차적 지역 오픈+디지털 광고 시작, 바이럴 장치=전국 오픈

- 2018년 1월 전국 오픈, 2018년 8월 MAU 100만 달성

– MAU 100~400만 (2018년 9월~2019년 11월)

- 선택과 집중=최적화의 싸움

- 최적화란? 규모에 따라 매체를 잘 운영하는 것

- 유저를 만날 수 있는 터치 포인트에서 전환율을 높이는 것

- 지속적인 테스트와 새로운 시도

- 페이스북, 구글애드워즈, 애플서치애드에 집중

– MAU 400~900만 (2019년 12월~)

- 페이스북: 전환 캠페인 비중↑

- 구글애드워즈: 기존 캠페인 진행, 리타깃팅 캠페인

- 애플서치애드: 타깃 다양화, 리타깃팅 캠페인

- 온라인에서 만나지 못하는 고객과의 터치 포인트 늘리기: 가상광고 '공유의 집', '유랑마켓'

블랙야크 알파인 클럽, 지속 가능한 브랜드 플랫폼으로 팬덤을 만들다

남윤주, 블랙야크 브랜드커뮤니케이션 팀장

블랙야크 브랜드 커뮤니케이션 팀에서 일하고 있는 남윤주입니다. 저는 블랙야크가 잘하고 있는 걸 말씀드리기보다는 저희가 걸어가고 있는 이 길을 함께 걸어보자고 호소하려고 합니다.

신해철의 노래 〈재즈카페〉에는 이런 가사가 나옵니다. '우리는 어떤 의미를 입고 먹고 마시는가.' 인간과 관련된 근원적인 문제나 사상, 문화에 대해 본질적인 질문을 던지는 게 예술가적 태도이고, 이러한 예술가적 태도로 끊임없이 인간에 대해 질문하는 게 인문학입니다. 산에 오르는 일도 마찬가지입니다. '산은 고도가 아니라 태도'라는 말이 있는데요. 산을 탈 때 중요한 것은 산의 높이가 아니라 어떤 태도를 갖는가에 있다는 뜻입니다.

왜 지속 가능한 개발목표에
주목해야 하는가

오늘의 이야기는 크게 2가지 주제로, SDGs(Sustainable Development Goals, 지속 가능한 개발목표)에 왜 주목해야 하는가와 블랙야크의 SDGs 경험입니다. 우리들은 조직에 있지만, 또한 개인이고 누군가의 가족, 친구입니다. 그러하기에 이 강연이 개인과 조직과 환경이 함께 지속가능한 성장을 하는 데 조금이라도 보탬이됐으면 좋겠습니다.

'그로스 해킹(Growth Hacking)'이라는 말을 들어보셨나요? 대부분의 마케터들은 만들어진 상품과 서비스, 그리고 거기에 할당된 예산을 가지고 매스미디어에 마케팅하는 방식에 익숙할 거예요. 저희도 그랬고요. 그런데 사람들은 그걸 원하지 않을 수 있어요. 소비자가 원하는 제품이 아니라 회사가 갖고 있는 제품을 그대로 들고 시장에 나가는 건 기존의 사고방식이자 최악의 사고방식이라고 할 수 있습니다. 반면 최고의 마케팅 의사결정, 즉 그로스 해킹은 '아무리 많은 조정이나 개선이 뒤따르더라도 잘 정의된 이용자 집단이 갖고 있는 욕구를 충족시키는 제품을 갖는 것'이라고 할 수 있습니다. '제품과 시장의 궁합(Product market fit, PMF)'을 찾는 게 중요한 거죠. 아론 긴은 "모든 그로스 해커의 궁극적인 목표는 자동으로 수백만의 사람들에게 전파하며, 스스로 영구히 지속하는 마케팅 기계를 만드는 것"이라고 했습니다.

마케터는 아주 중요한 자리예요. 자본의 흐름에 따라서 사회적인 물결이 달라지기 때문에 나의 마케팅으로 돈을 어디에 쓰느냐에 따라 이 사회가 바뀔 수 있거든요. 그러니까 사명감을 가지고 그로스 해커로서 마케팅을 끌고 갔으면 좋겠습니다.

그러기 위해서는 기존의 화법과 다른 화법을 동원해야 하고 그에따라 굉장한 노력이 필요합니다. 제가 좋아하는 철학가 아리스토텔레스는 설득에는 로고스, 에토스, 파토스의 3가지가 필요하다고 얘기했어요. 우선 설득을 하기 위해선 논리, 즉 로고스가 필요합니다. 그건 데이터일 수도 있고, 공신력 있는 학자의 이야기일 수도 있을 텐데요. 이러한 논거를 갖추었을 때 설득력이 생깁니다. 또한 에토스, 화자의 진정성이 필요합니다. 저는 몰입이 중요하다고 생각해요. 내가 가는 길에 스스로 몰입해야 나의 신념, 진정성이 상대방에게 전달이 되기 때문이죠. 그러기 위해서는 열정, 파토스가 필요하죠.

저는 그로스 해킹을 2016년에 처음 경험했어요. 지금 코로나19로 세상이 바뀌었다고 이야기하는데 4년 전에도 똑같은 얘기, 즉 기존 질서가 붕괴되었다고 말했어요. 칸 국제광고제인 '칸 라이언즈 페스티벌' 이노베이션 부문에서 구글의 알파고가 그랑프리를 받았어요. 그리고 버버리, 톰포트 같은 글로벌 브랜드들이 전형적인 패션쇼를 거부하며 뉴욕패션위크 불참을 선언해 전 세계 패션계에 충격을 주기도 했죠. 2016년 2월에는 몸의 일부를 자르거나 초점이 맞지 않는 'B컷 같은 A컷' 광고들이 〈보그〉

"새로운 시대의 전략은 바로
'브랜드 팬덤'입니다.
BTS 예시처럼 '나다움'으로
고객 1명 1명이 팬덤을 일으켜
주면
돈은 미디어가 벌어줍니다.
팔로워로 팬덤을 수치화할 수는
있겠지만,
팬덤 형성의 여부는
소통의 '진정성'에 있습니다."

잡지에 등장해 큰 호응을 얻었어요. SNS의 거칠지만 생생한 이미지에 익숙한 사람들이 인위적이고 작위적인 것보다 친구가 찍은 것 같은 사진에 더 공감을 한 거죠. 뉴욕패션위크 협회장인 디자이너 다이앤 폰 퍼스텐버그는 "지금은 완전한 혼돈의 순간이다. 모두들 새로운 규칙을 배워야 한다."고 했습니다.

중요한 건 감동한 고객 1명이 마케팅의 출발점이라는 거예요. 아마존 창업자 제프 베조스는 "1명의 고객에게 베푼 호의는 100명의 고객을 데리고 온다."고 했어요. 그런데 제일 중요한 고객은 자기자신입니다. 내가 나를 사랑해야 다른 사람들도 나를 사랑하잖아요. 이처럼 내가 나의 서비스와 브랜드를 사랑하지 않으면, 남들도 좋아하지 않아요. 지금과 같은 초연결 시대에는 외부적 발신뿐 아니라 팀원들 모두가 에토스의 마음을 갖는 게 중요해요.

포노사피엔스 등장과
브랜드 팬덤의 시대

밀레니얼과 Z세대는 전 세계에서 소비의 핵심층으로 급부상하고 있습니다. 이들을 중심으로 모든 산업이 개편되고 있죠. 2015년에 《밀레니얼 세대에게 팔아라》라는 책이 나왔어요. 밀레니얼을 이해하고 그들의 마음을 사로잡는 데 성공해야 시장에서 성공할 수 있다는 건데요. 2015년에 이미 글로벌 기업들은 이러한 방향으로 전략적 수정을 완료해 성과가 나오고 있어요.

그런데 한국은, 꼭 밀레니얼이어야 하는지 아직도 고민만 하고 있든가, 오너가 '이제부터 밀레니얼 마케팅 해' 이렇게 지시를 내리든가 둘 중 하나예요. 조직에는 아무런 변화가 없는 채 말이죠. 막연히 밀레니얼이니까 B급을 좋아하겠지가 아니라 태도가 완전히 바뀌어야 되는데 그게 곧바로 되는 게 아니니까 저 역시 답답함을 많이 느꼈어요.

그러다가 한국에서도 2019년 '포노사피엔스'라는 개념이 나왔어요. 최재붕 교수가 '스마트폰 없이 생활하는 것을 힘들어하는 세대'를 포노사피엔스라고 명명했는데요. 제가 생각하기에 포노사피엔스를 나이로 구분하는 건 의미가 없어요. 60대라도 디지털 네이티브고, 밀레니얼과 교류할 수 있는 태도를 가졌으면 포노사피엔스가 될 수 있는 거죠. 반면 20대라도 소셜미디어를 시간 낭비라고 생각하는 틀에 갇혀 있는 친구들은 MZ세대를 전혀 이해할 수 없고요. 그런데 한국은 디지털 격차라는 것이 생겨버렸어요. 예전에 지식 격차가 있었다면, 지금은 모바일 세상에서 포노사피엔스를 얼마나 이해하느냐에 따라 디지털 격차가 너무 커졌고, 그 속도도 점점 빨라지고 있어요. 서로 소통하는 게 힘든 사람들이 생겨나고 있습니다.

현 시대에 대한 분석을 했으니, 이제 그로스 해킹으로 다시 돌아가 볼게요. 'BTS'는 그로스 해킹의 좋은 레퍼런스인데요. 그들은 공동의 미션과 자기 소명이 있었고, 그것을 마케팅 기계로 영구히 지속할 수 있는 팬덤을 만들었어요. 아시다시피 BTS가 초반에는 힘들었잖아요. 5~6년 동안 팬덤을 늘려갔는데 그들을 가장 먼저 알아봐준 게 서구권이었어요. 한국 팬들이 '인문학적 코드와 세계관이 웬 말이에요, 우리 오빠 예쁘게 해주세요'라고 할 때 인문학적 깊이가 깊은 서구권에서 BTS를 알아본 거죠. 그들을 등에 업고 BTS는 성공을 하게 됩니다. 다르거나, 압도적이거나. 이 2개의 코드를 가지고 꼬리가 몸통을 흔드는 시대가 되었어요.

이제 우리가 무엇이냐를 알리는 USP(Unique Selling Point)가 아니라 우리는 이런 사람들과 함께한다는 걸 알리는 UBT(Unique Buying Tribe, 독특한 구매 집단)가 커뮤니티 마케팅의 핵심이고, 사랑받는 브랜드가 되는 지름길입니다.

마티 뉴마이어는 "브랜드는 소비자들에게 가치 지향점을 제시하여 독특한 구매 집단을 만들어야 한다."고 했어요. 거기에는 '나음'보다는 '다름'이, 다름도 나다워야 하기에 '다움'이 필요합니다. 그럴 때 우리를 좋아해주는 팬덤이 하나씩 늘어나 커뮤니티를 이룹니다. 새로운 시대의 전략은 바로 '브랜드 팬덤'입니다. BTS 모델처럼 '나다움'으로 고객 1명 1명이 팬덤을 일으켜주면 돈은 미디어가 벌어줍니다. 플랫폼의 팔로워로 팬덤을 수치화할 수 있겠지만, 팬덤 형성의 여부는 상술이 아니라 소통의 진정성에 있습니다.

밀레니얼에게 가치를
인정받아야 한다

시장에서 고객을 티어1(Tier 1), 티어2, 티어3으로 구분해 볼 게요. 트렌드를 이끌고 확산시켜 줄 이노베이터 그리고 얼리어 답터인 티어1은 전체의 15%를 차지해요. 이들에게 직접적인 영향을 받은 조기 다수자(Early Majority)들이 만든 티어2는 35% 정도예요. 그리고 티어3인 대다수의 후기 다수자(Late Majority) 시장은 50%입니다.

예전에는 티어1에서 티어3까지 내려가는 데 시간이 많이 걸렸지만, 지금은 소셜에서 바로바로 확산이 됩니다. 예전에는 패션 매거진의 에디터가 티어1이었지만, 비주류 친구들이 그 자리를 차지했어요. 이러한 꼬리와 몸통의 전도 현상이 소비자의 군집을 바뀌게 하는 양상을 보여 왔고, 이게 바로 마이크로 트렌드일 거예요. 밀레니얼들에게 가치를 인정받을 때 마케팅에 둔감한 기존 고객의 발길도 다시 돌릴 수 있습니다.

스웨덴의 청소년 환경운동가 그레타 툰베리가 2018년 10월 프랑스 파리에서 기후변화를 막기 위한 행진을 했어요. 그리고 유엔 기후행동 정상회의에 참석을 해 트럼프 미국 대통령을 노려보는 사진이 찍혔고, 작년 말에는 〈타임〉 지 올해의 인물로 선정이 됐어요. 저는 우리나라의 메이저 언론에서 이 기사를 다룬 게 신기했어요. 소셜 미디어의 힘이죠.

신인류인 디지털 네이티브는 기성세대에 행동변화를 촉구합니다. 그들은 "미래 세대의 눈이 당신을 향해 있고, 만약 우리를 저버리면 선택하지 않겠다."며 유권자의 마음으로 브랜드와 기업을 보기 시작했어요. 이들은 자본주의를 책임지지 않는 부자들로 인식하는 경향이 강해요.

2016년 칸 국제광고제 서울 페스티벌에서 당시 반기문 유엔 사무총장은 글로벌 난제들에 크리에이터들이 나서달라고 호소했어요. 2015년 유엔에서 193개국이 만장일치로 채택한 SDGs에 함께 해달란 거였는데요. 이 안에는 환경, 인권, 건강, 다양성 등의 17개 미션이 들어 있습니다. 반 전 총장은 유엔에서 이야기하는 건 어렵고 묵직할 수 있으니 크리에이터들이 나서서 크리에이티브하게 풀어달라고 했어요. 그리고 세계 6대 광고대행사들에게 광고주를 설득해 SDGs를 이루기 위한 캠페인을 해달라고 부탁했어요. 이후 주요 이해관계자 그룹인 기업들이 움직이기 시작했습니다.

브랜드 액티비즘:
기업이 용기를 내면 사회가 변한다

유엔이 SDGs에 대한 문제제기를 했고, 광고계가 이를 받아 글로벌 기업을 움직이고, 이 움직임이 트렌드를 창조하는 포노사

"기업이 용기를 내면
사회가 변합니다.
저는 그냥 팀장일 뿐이지만
제가 하는 순간순간의
이야기들이
기업을 움직일 수 있어요.
왕도 사대부들이 제동을 걸면
마음대로 못 했잖아요.
사대부들의 마음을 움직이는 건
결국 민심이거든요.
우리가 지금
기업의 민심일 수 있어요."

피엔스를 건드리고, 그것이 화제가 되어 기성 언론에서 다루니 기성세대들도 SDGs에 주목하게 됩니다.

지금 '코로나 사피엔스'라는 말까지 나왔는데요. 코로나19 이전에는 SDGs가 MZ세대만의 일이었다면 코로나19 이후에는 기성세대들까지 바뀌고 있어요. 김누리 중앙대 독어독문학과 교수는 "코로나19 사태는 세상을 바라보는 렌즈, 세계를 바라보는 프레임마저 바꿔놓았다. 인간과 자연이 화해하는 방식으로 자본주의가 인간화되지 않으면 우리에게 22세기는 없을지도 모른다."고 했어요. 기존의 자본주의에 대해 성찰이 필요한 시점입니다. 지금 전 세계의 화두는 4차 산업혁명이 아니라 자본세라 불리는 '인류세(인류에 의한 새 지질시대)'입니다. 저는 작년에 인류세에 관한 EBS 다큐를 보고 큰 충격을 받았어요. 인류세는 '인류의 자연환경 파괴로 인해 지구의 환경체계가 급격하게 변화게 되었고, 그로 인해 지구 환경과 맞서 싸우게 된 시대'를 뜻해요. 6번째 대멸종의 시대에 접어들었다는 내용을 보며, 다음 세대가 아니라 우리 세대에 인류가 끝날 수도 있겠다는 생각을 하게 했던 다큐였어요. 인류세는 노벨화학상을 받은 폴 크뤼천(Paul Crutzen)이 제안한 용어로, 제레드 다이아몬드 같은 문화인류학자 등 세계 석학들이 지지하고 있어요. 우리나라에서 4차 산업혁명 이야기가 나올 때 해외에서는 인류세가 더 많이 구글링 되었다고 해요. 이제 4차 산업혁명은 산업기술의 발전이 아니라 세상이 바뀌었다는 신호, 우리가 함께 살아가야 한다는 프레임의 변곡점이 되어야 한다고 생각합니다.

처음에도 말씀드렸지만 우리는 기업의 일원이지만 한편으로 개인입니다. 우리의 아이들, 우리의 건강을 위해 우리의 지구, 생존, 존엄에 대한 생각을 깊이 하면서 MZ세대와 함께 같은 길을 걸어가야 하지 않을까 합니다.

유니레버 CEO 폴 폴먼(Paul Polman)은 "우리의 적은 P&G가 아닌 기후변화와 빈곤"이라고 선언했어요. 이런 걸 브랜드 액티비즘이라고 하는데, 기업이 용기를 내면 사회가 변합니다. 저는 그냥 팀장일 뿐이지만 제가 하는 순간순간의 이야기들이 기업을 움직일 수 있어요. 조선시대 왕도 사대부들이 제동을 걸면 마음대로 못 했잖아요. 그 사대부들의 마음을 움직이는 건 결국 민심이거든요. 우리가 지금 기업의 민심일 수 있어요. 그러니 우리의 역할이 얼마나 중요한 지 잊지 마세요.

에어비앤비와 같은 글로벌 브랜드가 'We accept' 캠페인을 하고, 미국 기업들이 성소수자들을 적극 지원합니다. 이런 걸 브랜드의 태도라고 하는데, 팬덤은 결국 이 브랜드의 태도를 구입하고 지지해주는 쪽으로 진화할 것입니다. MZ세대는 휴머니티가 통하는 세대이고, 그들과 연결할 수 있는 기술은 충분히 발전되어 있습니다. '소셜 밸류(Social Value)'가 '이코노믹 밸류(Economic Value)'가 되는 시대가 된 거예요.

"Make enemy, gain fan." 무언가에 반대를 했을 때 그것을 지지해주는 팬덤이 생기며 '팔리는' 겁니다.

블랙야크,
새로운 패러다임과 마주하다

지금까지의 이야기를 바탕으로 블랙야크가 걸어온 길을 말씀드리도록 하겠습니다.

한국의 아웃도어 시장은 미국에 이어 세계 2위일 정도로 큽니다. 아웃도어 시장 역시 티어1들이 키웠어요. 그런데 티어1들은 티어2와 티어3이 시장에 많아지면 그 자리를 떠나 버려요. 티어1들이 어떤 맛집에 가서 힙해지면 티어2와 티어3이 많이 가게 되고, 그러면 티어1들이 더 이상 안 가게 되는 것과 같아요. 그래서 MZ들이 산이 멋있다고 계속 생각하게끔 만드는 게 중요해요.

트렌드세터인 젊은 고객들이 떠나기 전에 이들과 같이할 수 있는 뭔가를 지속적으로 만들어내는 세그먼테이션이 필요합니다. 그런데도 지금까지 아웃도어 브랜드들은 대량생산 제품을 빨리 팔기 위해 전속모델과 제품 중심의 푸시 마케팅만 했어요. 그 결과 브랜드 간의 차별점이 없어졌고요.

할리데이비슨은 '자유와 저항정신'을 팔고, 애플은 '꿈과 창의력'을 팔고, 스타벅스는 '사람들 간의 관계'를 판다고 했어요. 사람들이 공감하고 동경할 수 있는 명확한 브랜드 아이덴티티를 보유한 거예요. 블랙야크도 우리만이 만족시킬 고객의 꿈과 욕망은 무엇인지, 우리의 존재 이유는 무엇인지 깊은 성찰을 시작했습니다.

우선 마케팅 예산이 적합하게 쓰이고 있는가를 확인했어요. 'BAC(Blackyak Alpine Club)'라는 커뮤니티는 원래 '명산 40'으로 2013년에 시작한 건데요. 그때는 버스를 대절해서 같이 등산하는 동호회였죠. 그러다가 페이스북을 벤치마킹한 '마운틴북'이라는 플랫폼을 만들었어요. 자발적으로 산에 갈 수 있는 플랫폼이었는데, 첫 한 해에 완주자가 1,000명이 나왔어요. 이분들이 매주 산에 가시더니, 더 이상 탈 산이 없어 활력이 떨어진다고 피드백을 줘서 '명산 100'으로 늘렸어요. 그후 기하급수적으로 인원이 늘어 지금은 19만 명이 되었는데, 이분들이 블랙야크의 굉장한 지지층입니다.

처음 'BAC'를 시작할 때는 영업부서에서는 이게 돈이 되냐고, 그 사람들이 블랙야크를 사 입겠냐고 하며 저항이 컸어요. 그래도 묵묵히 끌고 갈 수 있었던 건 기획자가 산을 타는 사람이기 때문이에요. 커뮤니티를 계속 성장시키기 위해 끈기를 가지고 운영을 했고, BAC 회원들과 사막화 방지를 위해 중국 쿠붙이 사막에서 나무를 심기도 하고, 클린 산행도 가고, 네팔에 학교도 지었습니다. 그런데 이런 일들을 했다고 기사를 내는 정도지, 예산을 투입해서 별도의 브랜딩을 하지 못했어요. 말하자면 제품 광고에 밀려나 고객을 만족시킬 수 있는 우리 브랜드의 태도를 알리는 데 소홀했던 겁니다.

즉 마케팅 핵심 자산에 대한 브랜딩 소재 활용에 미흡했다고 할 수 있습니다. 그래서 '배우는 것(learning, 학습)뿐 아니라, 과

거 습관에서 벗어나는 것(unlearning, 혁신)이 중요한 과제'라는 걸 마케팅 전략마다 다 넣었고, 우리의 오리지널리티와 핵심가치만이 지속가능한 성장을 견인한다는 것을 확실히 했습니다. 그리고 다시 한번 우리가 누구인지, 왜 존재하는 건지 생각했습니다.

블랙야크의 브랜드 미션은 '우리는 역동적인 아웃도어 활동을 돕는 혁신제품을 제공해 자연과 사람을 보호하고 그들의 도전하는 삶과 함께하기 위해 존재한다.'는 것입니다.

이러한 브랜드 미션이 투영된 캠페인 중심의 커뮤니케이션을 2가지 방법으로 전개했습니다. 첫 번째는 자연이 주는 가치 확산을 통한 아웃도어 라이프스타일을 활성화였고요. 두 번째는 지속가능한 자연 보존을 위한 행동 변화 촉구였습니다. 환경과 사업 모두 지속가능한 커뮤니케이션 방안을 제시하는 쪽으로 리뉴얼을 한 거예요. 이는 '왜 블랙야크여야 되는가'에 대한 가치를 발굴해내는 작업이었습니다. 이미 우리 안에 있었던 것들을 스스로 찾아내기 시작한 거죠. 그 작업을 통해 1명이 사랑하는 브랜드가 되면, 그 1명의 주변에 있는 10명이 좋아하는 브랜드가 되고, 그다음에는 100명이 우리에 대한 이야기를 하게 되겠죠. 그랬을 때 기회는 찾아올 수밖에 없습니다.

즐거움이 목표가 되는 도전

을지로가 힙지로가 된 건 MZ들이 너무 인위적이고 그럴싸하기만 한 서구 문명에 더 이상 매력을 못 느껴 날것을 발굴하다가였어요. 그런데 사람들이 많아지자 티어1들은 더 날것인 곳, 즉 자연으로 갔어요. 올드한 아웃도어 문화를 바꾸고 매출로 견인할 수 있는 절호의 타이밍이 온 거예요. 이게 작년이었어요. 아웃도어와 블랙야크의 브랜드 미션을 동시대적이고 매력적으로 재해석하는 것이 관건이었습니다.

저희는 재해석을 위해 아웃도어의 태동기를 들여다봤어요. 옛날에 알프스는 악마가 살던 곳이라는 미신이 있었어요. 과학혁명 후에야 돈이 있는 학자들이 탐험을 명분으로 산에 오르기 시작했죠. 낭만주의 시대인 1817년에 프리드리히가 〈안개바다 위의 방랑자〉라는 작품을 남겼어요. 자연을 마주하며 단단해지는 어떤 다짐이 느껴지는 그림이에요. 산에 올라가는 과정도 좋지만 올라가서 거대한 자연 앞에서 자신에 대해 생각하는 시간, 그게 자연이 주는 가치일 수 있겠다 싶었어요.

또 저희에게 영감을 준 건, 멕시코 국경부터 캐나다 국경까지 3개월 동안 미국 서부를 종단하는 4,300km의 PCT(Pacific Crest Trail)이었어요 영화 '와일드'에도 PCT가 나오죠. 이 장거리 트레일의 모태는 68혁명 때 10만 명의 히피들이 전쟁에 반대하고 자연으로 회귀하자며 벌인 문화운동이에요. 거기서 시작된 게 미국의 아웃도어인 거죠. 당시 히피들의 반전운동은 심각하지 않고 무척 즐거웠어요. 그 즐거운 공동체 의식이 한국의 아웃도어에도 들어온다면 좋겠다고 생각했습니다.

그리고 블랙야크는 우리의 산을 보았습니다. 미국이나 유럽에서 산은 가기 힘든 곳이지만, 우리에게 산은 동네더라고요. 대한민국의 모든 산은 누군가의 앞산이에요. 일상이 될 수 있는 공간인 거죠.

BAC 회원들은 산만 타는 게 아니라 모바일에서도 함께 놀아요. 산을 타서 얻은 건강과 스스로를 극복한 경험을 공유하고 자랑하면서, 산을 타는 것이 더 재밌어지는 거예요. 소유에 대한 욕심을 줄이고 즐거움이 목표가 되는 선순환의 도전과 그에 대한 이야기를 나눌 수 있는 곳이 BAC입니다. 2017년부터 BAC에 2030들이 많이 유입됐어요. 여성들의 증가도 큰 폭으로 늘었고요.

블랙야크,
아웃도어에 빠진 그녀들과 손잡다

밀레니얼들의 자연에 대한 관심이 급증하면서, 단순히 등산을 하는 것에 그치는 것이 아니라 환경에 대한 의식도 함께 높아지는 현상들이 나타나고 있어요. 거창한 도전이 아니라 자연을 통해 심신을 치유하고 세상과 소통하며 자신의 신념을 완성하는 것이 자연이 주는 가치라는 의식이 강해지고 있는 거예요.

블랙야크는 차세대 아웃도어 리더그룹과 교감을 시작하기 위해 차별화된 앰배서더를 운영했습니다. 타깃 프로파일링을 건강한 라이프스타일과 워라벨을 추구하며 여행과 운동, 등산 등의 액티비티를 즐기는 20대 후반에서 40대 초반의 전문직 미혼여성이나 워킹맘으로 잡았고요. 자연을 통해 치유하고 성장하는 삶을 살고 있는 사람을 앰배서더로 선정하기 위해 아주 신중하게 물색했습니다. 그리고 그들에게 우리의 이야기에 함께 하자고 손을 내밀었고요. 이제는 그분들이 저희의 소중하고 든든한 지지층이 되었습니다.

또 블랙야크는 앰배서더와 함께할 수 있는 '우먼스 캠페인'을 론칭했어요. 첫 번째가 〈데이즈드 코리아〉와 협업한 'Be Original'인데요. 모델 겸 배우인 스테파니 리가 다운 자켓을 입고 함께했어요. 일부러 '이정화'라는 한국 이름을 쓰도록 했고요. 패션 티어1을 잡고 싶었던 목적이 있었던 캠페인이었습니다. 그다음에는 각각의 스토리가 있는 3편의 캠페인을 만들었고, 여기서는 '우리는 틀리지 않았다'는 이야기를 하고자 했어요.

또한, 독립출판사와 협업하여 격계간으로 〈나우 매거진〉을 발행하고 있어요. 매 호 하나의 도시를 선정해 그곳에 사는 사람들의 삶과 가치관을 다양한 관점으로 풀어내는 잡지입니다. 모든 판매 수익은 환경단체에 기부하고 있고요.

▲ 블랙야크가 만든 커뮤니티 브랜드 BAC의 활동사진과 자체 제작한 명산 지도 100 (출처: 블랙야크 제공)

이전에 없던 새로운 방식,
블랙야크의 길은 다르다

앨버트 프레드릭 머메리는 등정주의(登頂主義)가 아닌 등로주의(登路主義)를 주장하며 "등산의 가장 중요한 본질은 정상에 오르는 것이 아니라 고난과 싸우고 그것을 극복하는 데 있다."고 말했어요. 아웃도어의 정신은 비경쟁과 개척, 그리고 과정에 있어요.

히말라야를 오르며 배우는 건 거대한 도전보다 네팔에서 풍족하진 않지만 행복한 삶을 사는 사람들을 보며 작은 것이 거대한 것임을, 느림이 빠름을, 적음이 많음을 깨닫는 거라고 생각합니다. 아마도 그런 것들을 경험한 산악인들은 빠르게 성장하는 사회가 행복한가에 대해 고민하게 됐을 거예요. 결국 우리에게 있어서 도전은 경쟁이 아니라 나를 위한 도전, 행복한 삶을 위한 도전입니다. 성장에 익숙한 삶과 결별하는 도전입니다. 그래서 블랙야크는 '자연과, 친구와, 세상과 함께하자'라는 브랜드의 태도를 구축했습니다.

블랙야크는 전 세계와 함께하기 위해 중국 북경을 시작으로 베트남, 네팔, 독일, 미국 등으로 글로벌 실크로드를 개척하고 있고, 핵심가치를 기반으로 세대, 국경, 성별 타깃을 확장하고 모두가 공감할 수 글로벌 & 프레스티지 캠페인 중심의 커뮤니케이션을 전개하고 있습니다. 코어 밸류가 있으면 어디를 가더라도 블랙야크를 좋아할 거라는 자신이 있었고, 외롭더라도 우리의 길은 달라야 된다고 생각하고 과감한 선택들을 했습니다. 작년 블랙야크는 리셋을 하는 개념으로 과감하게 "Made for Missions"라는 1분 30초짜리 브랜드 필름을 만들어 공중파 광고를 했습니다. 미친 놈 소리도 들었지만 우리의 진심을 보여줄 필요가 있었습니다.

올해 코로나19가 터지기 직전에 기획했던 건 'BAC는 놀이다' 캠페인이었어요. 이 캠페인 후 2달 만에 BAC 가입자가 4만 명이 늘었어요. 10만 명을 돌파하는 데 6년이 걸렸는데 말이죠. 그리고 최근 5~6월 신규 가입자가 또 2만 5,000명 늘었어요. 60%가 2030세대고요. 여성 비율이 60%입니다.

블랙야크는 이들과 함께 'Do it together'를 시작했습니다. 이제는 팬덤이 생겨 자신있게 환경 캠페인을 하자고 할 만한 상황이 되었거든요. 의류는 석유 다음 두 번째로 오염이 심한 산업이에요. 의류 구매를 줄이고 오래 입어야 하는 거죠. 블랙야크는 국내 재활용 페트병으로 만든 원사인 '리사이클 폴리'로 제품을 만드는 시도를 하고 있습니다.

정부, 로컬, 크리에이티브 피플, 미디어, 브랜드 등의 경계를 허물고 함께한다면 더 나은 미래를 만들 수 있을 것이라고 생각합니다. 기존의 틀 안에 속하지 못해 홀로 나아가야 하지만 묵묵히 이 길을 가다 뒤돌아보면 어느 순간, 우리와 함께하는 사람들이 많아져 있을 것을 믿습니다. 이전에 없던 새로운 방식, 여러분의 길도 달라야 합니다.

그로스 해킹

- 모든 그로스 해커의 궁극적인 목표는 자동으로 수백만의 사람들에게 전
  파하며, 스스로 영구히 지속하는 마케팅 기계를 만드는 것
- 감동한 고객 1명 1명이 마케팅의 출발점

브랜드 팬덤의 시대

- 포노사피엔스: 스마트폰 없이 생활하는 것을 힘들어하는 세대
- MZ세대: 전 세계 소비의 핵심 소비층으로 급부상하며 이들을 중심으로
  모든 산업이 재개편되고 있음
- USP가 아니라 UBT가 커뮤니티 마케팅의 핵심
- 브랜드는 소비자들에게 가치 지향점을 제시하여 독특한 구매 집단을 만
  들어야 한다
- 새로운 시대의 전략: 브랜드 팬덤

브랜드 액티비즘

- 신인류인 디지털 네이티브는 기성세대에 행동 변화를 촉구
- 전 세계의 화두는 '인류세'
- 기업이 용기를 내면 사회가 변한다
- 브랜드 팬덤은 브랜드의 태도를 구입하고 지지해주는 쪽으로 진화
- '소셜 밸류'가 '이코노믹 밸류'가 되는 시대

블랙야크의 SDGs

– 브랜드 미션: 우리는 역동적인 아웃도어 활동을 돕는 혁신제품을 제공해 자연과 사람을 보호하고 그들의 도전하는 삶과 함께하기 위해 존재한다

– 브랜드 커뮤니케이션

• 자연이 주는 가치 확산을 통한 아웃도어 라이프스타일 활성화

• 지속가능한 자연 보존을 위한 행동 변화 촉구

– 브랜드 태도: 자연과, 친구와, 세상과 함께하자

– 차별화된 앰배서더 운영/우먼스 캠페인/서스테이너블 매거진 〈나우 매거진〉 발행: 판매 수익 환경단체 기부

– 2017년부터 BAC에 2030세대 대거 유입

– 'BAC는 놀이다' 캠페인 후 회원 수 10만→19만

– 이전에 없던 새로운 방식, 블랙야크의 길은 달라야 한다

SNS 커뮤니티에서
아시아 No.1 푸드 미디어 기업으로!

박종찬, 쿠캣 전략이사

쿠캣에서 전략이사를 담당하고 있는 박종찬입니다. 쿠캣의 시작부터 함께한 사람으로서 직접 경험하고 생각했던 바에 대해 공유하고자 합니다. 스타트업 쿠캣이 커뮤니티를 기반으로 어떻게 성장해왔는지, 또 어떤 관점에서 어떤 것들을 상업화해왔는지, 그리고 마지막으로는 커뮤니티 기반 비즈니스에서 핵심요소는 무엇인지에 대해 말씀을 드리도록 하겠습니다.

음식 콘텐츠로
푸드 트렌드 이끌기

"음식 콘텐츠를 통해서 푸드 트렌드를 이끌고 사람들에게 이를 경험하게 한다."는 것이 쿠캣의 미션입니다. 이 미션은 처음부터 있었던 건 아니고, 쿠캣 내부에서 계속 논의하면서 재작년쯤 정리된 내용입니다.

쿠캣은 2014년 여름에 설립했는데, 2017년까지만 해도 사업 방향이나 내용과 관련해 내부에서 의견이 많았어요. 커뮤니티를 기반으로 다양한 탐색과 시도들, 사업, 채널의 확장을 어떻게 해야 되는지 정답이 없으니 끊임없이 탐구해가면서 내렸던 판단이 이 미션에 담겨 있다고 보시면 됩니다.

쿠캣은 한국 및 아시아 지역 내 3,300만 명의 구독자를 확보하고 있는 No.1 푸드 콘텐츠로서, 식품 버티컬 커머스로 사업 영역을 성공적으로 확장했습니다. 쿠캣의 매출은 매년 상승해 작년에 185억 원의 매출이 발생했어요.

쿠캣의 강점은 빠르게 성장하는 HMR(Home Meal Replacement, 가정식 대체식품) 시장 내에서 콘텐츠 채널 파워를 통해 충성고객을 확보한 것과 푸드 콘텐츠 제작 및 확산 역량을 보유한 것이라고 생각합니다.

쿠캣이 가지고 있는 미디어 채널 상에서의 영향력을 바탕으로 이커머스 플랫폼, 광고, 오프라인 행사 등을 통해 저희 PB 제품들을 마케팅할 수 있는 역량을 갖춘 회사로 발전을 해나간 것이 지금의 쿠캣의 모습이라고 할 수 있습니다.

아시아 최대 규모의
쿠캣 SNS 콘텐츠

쿠캣을 소개할 때 빼놓지 않는 것이 '오늘뭐먹지?'인데요. 오늘뭐먹지?는 국내 최대의 단일 푸드 콘텐츠 채널로, 페이스북, 인스타그램 등을 합쳐서 약 900만 가량의 팔로워를 확보하고 있습니다. 저희는 오늘뭐먹지? 채널을 푸드 커뮤니티라고 불러요. SNS에 콘텐츠를 올리는 채널이 어떻게 커뮤니티냐고 반문할 수도 있는데, 실제로 오늘뭐먹지?가 만들어지게 된 배경이나 성장 과정, 그 안에서 오늘뭐먹지? 팬들의 활동 등이 커뮤니티의 성격을 고스란히 담고 있습니다.

쿠캣이라는 지금 사명 전에는 '그리드잇'이라는 사명을 쓰고 있었는데, 2018년에 저희의 메인 채널 중 하나인 쿠캣으로 사명을 바꿨습니다. '쿠캣'은 저희 회사가 조금 더 글로벌한 콘텐츠 영향력을 키우고자, 특히 음식과 관련돼서 더 큰 커뮤니티를 만들고 싶어서 만들게 된 채널이에요. 현재 한국을 중심으로 해서 아시아 쪽에 2,200만 명의 팬을 확보하고 있는 아시아 최대 규모의 레시피 콘텐츠 채널입니다. 글로벌 채널은 영어로 서비스를 하고 있고, 베트남, 홍콩, 태국에 각각의 현지어로 서비스하고 있습니다.

각국의 채널에서는 현지인들이 해시태그나 공유 등으로 의사소통을 활발히 하고 있고요. 현지에서도 음식점이나 레시피에 대한 제보를 통해서 계속 영향력을 확대해 나가고 있습니다.

쿠캣마켓과
PB 브랜드

그리고 최근에 자사 이커머스 플랫폼으로 '쿠캣마켓'을 만들었어요. 이전에 '오먹상점'이란 온라인 마켓을 만들었는데, 유저들에게 더 많은 혜택을 제공할 수 있는 플랫폼을 만들기 위해 쿠캣마켓으로 변경했습니다. 쿠캣마켓은 1~2인 가구를 타깃으로 가성비 좋고 차별화된 PB 제품을 판매하는 간편식 마켓으로, 출시 1년 만에 60만 회원을 모았고, MAU는 120만을 기록했습니다.

'쿠캣메이드(Cookat Made)'와 '띵커바디(Think a Body)'는 쿠캣의 PB 브랜드들인데요. 오늘뭐먹지?, 쿠캣 등을 운영하며 얻은 다년간의 노하우를 바탕으로, 쿠캣마켓에서 오늘뭐먹지? 팬들이 좋아할만한, 혹은 필요로 하는 것들을 만들기 위해 PB 브랜드를 진행 중입니다.

또 PB 제품의 소비자 접점을 확대하기 위해 작년에는 잠실역 월드스트리트에, 올해는 코엑스 스타필드에 오프라인 쿠캣마켓을 오픈했어요. HMR 전문 편의점인 셈인데요. 온라인에서만 활동을 하고 있는 커뮤니티 분들이 오프라인에서 직접 체험이나 소통도 할 수 있는 창구로 만들고자 한 건데, 생각보다 반응이 좋아 다행으로 여기고 있습니다. 앞으로도 서울 시내 10여 개 지점을 오픈할 계획이에요.

오프라인 매장을 내게 된 데는 그보다 앞서 진행한 '잇더서울

▲ 오프라인으로 진출한 쿠캣마켓 코엑스몰점 (출처: 쿠캣 제공)

(Eat the Seoul)' 푸드 페스티벌 경험이 있었습니다. 이 행사는 코엑스와 함께 1년에 두 차례 진행하고 있는데, 매 회 20만 명 가까이 되는 분들이 방문하는 국내 최대의 푸드 페스티벌입니다. 저희는 잇더서울을 온라인에 존재하는 커뮤니티를 오프라인에서 일시적으로 구현을 하는 행사이며, 쿠캣의 SNS 영향력과 화제성을 이용한 오프라인 집객 능력을 검증하는 기회라고 생각하고 있습니다.

쿠캣의 탄생:
유저 참여형 서비스들의 만남

이제 쿠캣의 탄생과 채널 성장에 대해 말씀드릴게요. 쿠캣은 어느 날 갑자기 만들어진 회사가 아니라, 2개의 회사가 합병되면서 만들어진 회사예요. 현 쿠캣 대표와 저는 '모두의지도'라는 스타트업을 하고 있었고, 현 쿠캣 마케팅 이사는 '오늘뭐먹지?' 페이지를 가진 그리드잇을 운영하고 있었어요. 이 두 회사가 서로 시너지를 내기 위해 합친 거예요. 알고만 지내던 사이에서 의사소통을 하면 할수록 합치면 더 잘할 수 있겠다 싶었거든요. 그 이유는 양쪽 다 유저 참여형 서비스들이었기 때문이에요.

'모두의지도'는 저와 대표가 학생일 때 창업한 회사였어요. 특정 장소에 대한 특성을 사람들이 검색을 하면 추천해주는 서비스였는데, 추천은 유저들의 투표를 기반으로 이뤄졌어요. 그러다 보니까 아무래도 카페, 음식점, 술집 등 사람들이 쉽게 다니면서 투표할 수 있는 곳들이 많았어요. 그래서 장소를 주제로 출발했지만 자연스럽게 푸드 쪽으로 흘러가게 되었죠.

반대로 '오늘뭐먹지?'는 플랫폼을 만든 건 아니었고 2013년 만든 페이스북 페이지였어요. 저희 마케팅 이사의 원래 꿈이 삼겹살 가게를 여는 거였는데, 홍보를 어디다 할까 하다가 당시 전망이 있었던 페이스북을 선택했대요. 나중에 가게 홍보를 하기 위해 우선 맛집이나 음식에 대한 유저들의 제보를 받는 오늘뭐먹지? 페이지를 만든 거였는데, 예상보다 너무 스케일이 커지는 바람에 아직까지 삼겹살 가게를 못 내고 있답니다. 하하.

2013년 당시에는 사람들이 많이 쓰던 SNS라는 게 별로 없었어요. 트위터는 텍스트 기반이었고, 인스타그램은 성장하기 전이었죠. 2013~2015년까지는 페이스북이 한국에서 거의 독주하던

"커뮤니티를 기반으로 하는
비즈니스를 하는 분들의
고민하는 부분이,
수익화를 언제 시작해야 할까
라는 점인데요
저희는 당장의 수익 창출보다는
더 많은 사람들을
참여시킬 수 있는 커뮤니티로
키우자고 생각했습니다."

시기였는데, 그때는 콘텐츠 콘셉트라든가 제작툴, 스킬 들이 충분히 성숙하지 않았던 때였어요. 그래서 저희 마케팅 이사는 당시 제보 타입을 선택을 해서 콘텐츠를 채우기 시작했는데, 이게 결론적으로 굉장히 좋은 방법이었던 거예요. 하루에 약 6,000개 가까이 되는 제보들이 들어와 고르기가 어려울 정도였다고 해요. 만든 지 100일 만에 팔로워 100만 명을 넘기고 1년 지나 300만 명을 돌파할 정도로 성장이 빨랐어요.

수익화보다는
커뮤니티 활성화를 우선으로

모두의지도와 오늘뭐먹지?를 합병한 뒤 저희가 내린 결론은 당장의 수익 창출보다는 영향력을 더 키우고 더 많은 사람들을 참여시킬 수 있는 커뮤니티를 키우자는 거였어요.

커뮤니티 기반 비즈니스를 하는 분들이 항상 고민하는 부분이 수익화를 언제 시작해야 할까라는 것일 텐데, 저희는 고민 끝에 대중들에게 많이 인식되기 전까지는 수익화에 크게 욕심내지 말자고 결정했어요. 그래서 최소한의 비즈니스 확장 전략을 취하면서 사람들을 많이 모으기 위해 채널을 유심히 살펴봤어요.

당시 오늘뭐먹지?는 한국어 채널에 음식점 제보도 한국음식 중심이었고, 해외음식은 '해외여행 갔더니 여기 괜찮았어요' 하는 수준이었거든요. 그런데 2015년 정도부터 자꾸 영어, 태국어, 중국어, 일본어 등 외국어 댓글이 달리는 거예요. 인사이트 분석을 해보니 외국에 살면서 한국음식이나 한국문화를 좋아하는 사람들이 한국음식 채널이나 연예 채널 등을 열심히 공유하고 있다는 걸 알 수 있었어요.

그래서 한국어로만 커뮤니티를 만들 게 아니라 해외 쪽으로 커뮤니티를 더 키워보기로 했어요. 마침 해외에서 푸드 채널들이 빠르게 성장하고 있던 상황이었는데요. 그 채널들은 기본적으로 조리방법이라든가 식재료 자체들이 웨스턴 스타일이었어요. 예를 들면 오븐을 항상 사용하고 버터로 볶고, 우리가 쉽게 접할 수 없는 향신료를 쓰는 식이었죠.

저희는 아시아 스타일로 나아가기로 결정하고, 현지 언어를 쓰기로 했어요. 쿠캣 글로벌에는 영어를 사용하고, 베트남, 태국, 홍콩 등의 채널에 각각 현지 언어를 사용했어요.

여기서 저희가 조금 더 고민했던 부분은 커뮤니티를 만드는 방법이었어요. 자체 플랫폼을 만들 것인가, SNS상의 채널을 이용할 것인가 등 많은 고민을 했습니다. 결론은 네이버나 다음 카페처럼 물리적으로 차단된 공간에서 왁자지껄 떠들어야만 커뮤니티가 아니라, 어떤 한 가지 이슈에 대해서 사람들이 공감을 할 수 있거나 활발하게 이야기를 할 수 있으면 커뮤니티라는 거였어요. 이미 존재하는 많은 SNS 플랫폼이 그런 장을 제공하고 있고, 수천만 명, 수억 명이 사용하고 있으니 저희는 사람들이 좋아할 만한 것을 가져다주는 것부터 하자, 플랫폼은 좀더 나중에 만들자고 생각했습니다.

여러 SNS 플랫폼들에 저희 채널들을 개설을 하고 콘텐츠를 제시하고 모으며 저희의 커뮤니티와 브랜드 영향력을 키우기 위해 신경을 많이 썼습니다. 무엇보다 오늘뭐먹지?의 성공방식을 따라가려고 했어요.

커뮤니티를 만들 때 많은 분들이 헷갈려 하시는 것 중에 하나는 내가 이미 갖고 있는 커뮤니티를 이용할 것인가, 전혀 다른 걸 개발할 것인가 일텐데요. 저희는 커뮤니티의 구성요소 가운데 의사소통에 대한 부분은, 사람들이 SNS나 다른 곳에서 공유를 할 수 있고 소통을 할 수 있으면 어느 정도 해결이 된다고 봤어요. 그 다음으로 특정 테마 혹은 이슈에 대해 끊임없이 즐길 수 있는, 그리고 유용할 수 있는 콘텐츠를 제공하는 게 중요하다고 생각했어요. 오늘뭐먹지?는 제보 중심의 타입이었는데 쿠캣에서부터는 저희가 조금 더 중심이 돼서 유저들의 취향을 파악해가는 채널로 만들었습니다.

커뮤니티를 만든다고 해서 모든 유저들이 꼭 어마어마하게 참여를 해야 될 필요는 없다고 생각했어요. 왜냐하면 사람들은 이미 SNS 등을 통해 이미 커뮤니케이션을 하고 있는데, 굳이 새로운 부담을 주지 않는 편이 좋겠다 싶었거든요. 그래서 조금은 라이트한 커뮤니티로 쿠캣의 방향을 정하고 다양한 시도들을 했습니다. 연예인과 함께 예능식으로 콘텐츠를 만들기도 했고, 최근에는 유튜브에서 '가마솥 시스터즈'라고 시골에 계신 할머니들이 도시의 2030세대들이 즐겨먹는 서양음식이나 중국음식을 직접 만드는 콘텐츠를 기획해 사람들에게 엔터테인먼트를 제공하기도 했어요.

고객들이
좋아할 만한 것을 하자

이렇게 커뮤니티를 열심히 키우다 보니 상업화를 해야 하는 순간이 왔어요. 많은 투자자들이 구독자가 1,000만이 넘으면 당연히 상업화를 시작해야 하는 것 아니냐 하시기도 했는데, 구독자가 1,500만 명을 넘어갈 때는 정말 상업화를 진행해야 했어요. 이때 굉장히 두려웠던 것이 유저들에게 저희가 돈독 오른 걸로 보이면 어떡하나 하는 점이었어요.

커뮤니티 운영하시는 분들은 공감하실 텐데, 일반 광고 채널이라든가 회사 브랜드 채널과는 다르게 커뮤니티성 채널들이 상업화하는 것을 유독 싫어하는 분들이 계시고, 실제로 상업화가 커뮤니티에 악영향을 줘서 영향력을 순식간에 잃어버리는 경우들도 많았어요. 그래서 저희는 몇 년 동안 어떻게 해야 할까 계속 고민했고, 지금도 고민하고 있어요. 그런 가운데 내린 결론 가운데 하나는 유저들, 팬들이 좋아하는 것, 그분들에게 혜택이 될 수 있는 것, 나아가서는 그분들에게 필요한 것을 제공하는 방향으로 상업화하자는 거였어요.

자타공인 저희의 핵심 경쟁력은 푸드 콘텐츠를 잘 만들 수 있다는 것, 단단한 커뮤니티 혹은 브랜드 채널들을 갖고 있기 때문에 고객들을 잘 모을 수 있다는 것, 그리고 여러 채널들을 통해 고객들이 어떤 아이템과 이슈에 관심을 가지는지 쉽게 파악을 할 수 있다는 것인데요. 이 모든 것들의 기반은 결국 고객들이 좋아할만한 걸 해야 된다는 거예요.

푸드 콘텐츠를 아무리 번지르르하게 만들어도 고객들이 좋아할만한 지점을 못 잡아내면 당연히 형편없을 수밖에 없거든요. 결국 상품이 키포인트라고 생각하면서 상업화를 조심스럽게 추진했습니다.

그때 마침 사무실 근처에 있던 코엑스와 미팅을 하면서 '잇더서울'을 기획하게 되었어요. 저희는 유저들이 좋아하는 아이템들을 추리고, 제품화 되지 않은 아이템이라면 개발 가능한 업체와 접촉했어요. 또 행사 기간 팝업 식당을 할 수 있는 서울 시내 식당들도 섭외했고요. 이렇게 행사를 구성해 저희 채널들을 통해 홍보했습니다. 이전의 다른 푸드트럭 행사나 야외 푸드 페스티벌 행사들은 제품 구성에 그렇게 열을 올리진 않았더라고요. 저희는 유저들이 진짜 좋아할 만한 것들을 만들어낸다는 관점으로 접근을 했었고요. 그 결과 국내 최대의 푸드 페스티벌로 자리매김할 수 있었지 않나 생각합니다.

▲ 잇더서울 오먹상점 부스 포토존 (출처: 쿠캣 제공)

저희가 2017년 론칭한 '오먹상점'도 유저들에게 다른 곳에서
접해보지 못한 새로운 것을 제시하거나 좋아할 만한 것을 제공하
는 쇼핑몰로 만들려고 했어요. 그 이전까지는 커뮤니티는 플랫폼
이 아니어도 된다고 생각을 했는데, 쇼핑몰은 제품을 판매하려면
기본적으로 플랫폼이 필요할 수밖에 없는 구조여서 구축했고요.

쿠캣의 PB:
좋은 제품을 좋은 가격에 내놓기 위한 방법

저희가 PB를 시작한 것도 온라인 마켓을 하면서부터였어요.
기존의 유통구조를 보면, OEM, 기획사, 벤더사, 유통사, 마케팅
등을 거치다 보니 알차고 좋은 상품이 소비자에게까지 가는 기간

이 너무 오래 걸리고 비싼 경우가 많았어요. 그러니 저희가 만들고 싶었던 아이템들을 일반 제조사를 통해 제작하는 게 불가능하겠더라고요. 그래서 저희가 제품을 직접 기획하고 딜해서 주문하는 방식으로 생산하게 되었어요.

PB 상품 기획과 출시는 제품마다 다른데, 어떤 아이템은 반 년이 넘게 걸리기도 하고 어떤 건 2달 만에 나오기도 합니다. 의사결정이나 테스트들은 빠르게 진행하는 대신, 맛의 완성이나 포장 등에서는 철저하게 집중해 진행하고 있습니다. 식품 위생과 관련해서도 지속적으로 꼼꼼히 관리하고 있고요.

PB 제품까지 나오게 되니까 상업화 구도가 오히려 명확해졌어요. 온라인에서 고객들이 어떤 걸 좋아하는지 혹은 좋아할지 미리 체크하고, 긴가민가할 때는 쿠캣 SNS 채널을 통해 고객 반응 데이터를 확인하며 상품을 기획했습니다.

저희가 2018년에 출시한 대방어장을 예로 들어볼게요. 방어는 몇 년 전부터 인기가 좋은 겨울 생선이었어요. 새우장 양념을 써서 만들면 될 것 같은데도 대방어장이 시중에 안 나오는 거예요. 그래서 저희가 제조사를 섭외해봤는데 다 못하겠다고 하더라고요. 그러다가 마지막으로 접촉했던 스타트업에서 오케이를 해서 대방어장을 출시했어요. 출시일에 맞춰 제조사 이사님이 저희 SNS에서 대방어 해체쇼를 했어요. 그 1시간 동안 대방어장 1,000병을 판매하면서 유저들이 원하는 키워드라는 걸 확인했죠. 이를 통해 유저들이 좋아할 아이템들을 저희가 먼저 발굴해

"PB 제품까지 나오게 되니까
상업화 구도가
오히려 명확해졌어요.
온라인에서 고객들이 어떤 걸
좋아하는지 혹은 좋아할지
미리 체크하고, 긴가민가할 때는
쿠캣 SNS 채널을 통해 고객
반응 데이터를 확인하며 상품을
기획했습니다."

서 제시를 하는 편이 좋을 수 있다는 걸 알게 되었습니다. 그 이후로 PB에 좀더 집중했고요.

2030세대의 1인 가구 비중이 갈수록 높아지고 있기 때문에 저희 PB 제품은 집에서 간단히 먹을 수 있는 식사 대용 HMR과 디저트, 그리고 다이어트 제품 이렇게 3가지로 크게 잡고 있어요. 30대 중반 이하 분들 가운데 요리가 취미인 경우를 제외하고는 요리를 그렇게 좋아하는 사람이 별로 없거든요. 당장 저만 하더라도 요리를 좋아하는 편이지만 밥하는 게 귀찮아서 햇반을 40개씩 주문하거든요. 결국 사람들이 원하는 건 간단히 먹을 수 있는 것, 그리고 건강하게 살 안 찌고 쉽게 먹을 수 있는 것, 맛있고 예쁜 디저트더라고요.

고객들이 쿠캣 PB 상품을 왜 다양한 채널을 통해 판매하지 않고 쿠캣에서만 파느냐는 질문을 많이 하시는데, 커뮤니티의 경우에는 저희 플랫폼이 아니어도 된다고 생각하지만 제품 판매는 반대라고 생각해요. 제품 구매는 경험이기 때문에 어디서 구매하고 어떤 식으로 응대를 받는지가 소비자 입장에서는 굉장히 중요하다고 생각합니다. 그래서 아직 외부 판매는 조심스러워요.

상품 판매에서 있어서 저희는 실질적으로 기획에서부터 고객들이 좋아할 만한 걸 만들기 때문에 재고가 많이 안 남는 편이에요. 그런데도 재고가 조금 남을 것 같을 때, 혹은 빨리 재고를 처리하고 2차 주문을 하고 싶을 때는 타임딜 형식을 사용하고 있어요. 가격을 깎는 전통적인 프로모션인데, 저희가 온라인 중심이고 커뮤니티에 이것이 일종의 혜택이라는 걸 충분히 알릴 수 있어서 잘 사용하고 있습니다. 유저들도 원래부터 이슈가 되던 좋은 아이템을 저렴하게 구매할 수 있어서 만족해하고요.

핵심은 유저에 있다

지금까지 쿠캣이 어떻게 커뮤니티를 키우며 사업을 성장시켜 왔는지 말씀드렸습니다. 마지막으로 쿠캣이 생각하는 3가지 핵심을 말씀드리고 마무리하겠습니다. 첫째는 유저에게 참여할 기회를 제공하자라는 건데요. 특정한 테마나 이슈를 제공해 유저들이 참여할 수 있는 기회를 만드는 것이 중요하다고 생각합니다.

두 번째는 즐길거리를 제공하자는 겁니다. 유저들이 질리지 않고 커뮤니티 채널 안에 계속 있을 만한 이유를 제공해야 하니까요. 많은 경우 사람들이 커뮤니티는 유저들이 만들어가는 것이니까 플랫폼을 만드는 쪽에서는 가만히 있어도 되지 않느냐 라고 생각하는데, 그렇지 않습니다. 유저들이 즐길 만한 것들이 충분히 있어야 합니다. 좋아할 만한 것들을 끊임없이 제시하는 보이지 않는 손이 필요한 거죠.

마지막은 유저의 취향을 따르자는 거예요. 유저들에게 이득이 될 수 있는 것들을 찾아 제공해야 사업이 잘 되더라고요. 저희

이득이 잘 나올 수 있는 것들을 테스트하면 오히려 반응이 안 좋았고, 유저들이 좋아하는 것을 따랐을 때 훨씬 더 반응이 좋았습니다.

소개

– 사업 소개

한국 및 아시아 지역 내 3,300만 명 구독자를 확보하고 있는 No.1 푸드
콘텐츠로서, 식품 버티컬 커머스로 사업 영역을 성공적으로 확장

– 사업 개요

모바일 영향력을 바탕으로 미디어 → 이커머스 플랫폼 → PB 브랜드 수
직계열화

– 사업 현황: SNS 콘텐츠

• 아시아 최대 푸드 커뮤니티 '오늘뭐먹지?'

• 아시아 최대 규모 레시피 콘텐츠 '쿠캣'

– 사업 현황: PB 브랜드

• 쿠캣마켓: 간편식 마켓으로 가성부 좋은 차별화 PB 제품 판매

• 쿠캣메이드: 맛잘알들이 만든 간편식 브랜드

• 띵커바디: 다이어트 제품

– 사업 현황: 오프라인 스토어

HMR 전문 편의점 쿠캣마켓 잠실역, 코엑스 오픈

차별화 PB 제품으로 소비자 접점 확대

탄생과 채널 성장

– 탄생

• 유저 참여형 서비스들의 만남(모두의지도 + 오늘뭐먹지?)

- • 특정 키워드(음식) 커뮤니티 조성
- 채널 성장
  - • 오늘뭐먹지? 이후 지속적인 영향력 확대 고려
  - • 푸드 커뮤니티 + 엔터테인먼트적 요소

사업화

- 서비스 특징과 핵심 경쟁력
  - • 푸드 콘텐츠 제작 역량
  - • 고객 획득 비용 절감
  - • 고객 관심(트렌드) 파악
- 오프라인 스토어
  - • 잇더서울: 국내 최대 푸드 페스티벌.
  - • 쿠캣의 SNS 영향력, 화제성 이용한 오프라인 집객 능력 검증
- 온라인 스토어
  - • 오먹상점: '오늘뭐먹지?'가 추천하는 음식 커머스몰
  - • 쿠캣마켓: 온라인 전용 제품으로 유통구조 혁신(OEM→쿠캣마켓) & 가성
    비 제고
    SNS 채널 데이터 이용해 차별화된 상품 기획 및 마케팅

쿠캣이 생각하는 3가지 핵심

- 참여할 기회를 제공하자
- 즐길거리를 제공하자
- 유저의 취향을 따르자

PART 3
한눈에
이해하다!

데이터로 만나는 트렌드

굿즈 마케팅

한정판 마케팅의 핵심, 굿즈 마케팅

> ### 밀레니얼 세대의 굿즈 트렌드에 대한 인식은?

＊ 밀레니얼 2,028명 대상

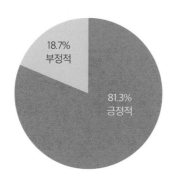

18.7%
부정적

81.3%
긍정적

> ### 굿즈 구매에 얼마까지 사용 가능한가?

＊ 긍정적이라고 답한 81.3% 대상자에게 설문

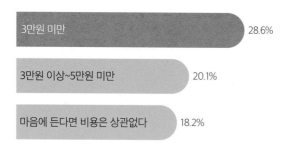

3만원 미만   28.6%

3만원 이상~5만원 미만   20.1%

마음에 든다면 비용은 상관없다   18.2%

굿즈 트렌드에 긍정적인 이유는?(중복응답)

- 한정판을 갖는다는 느낌이 좋아서 **58.8%**
- 선호 브랜드/가수 상품을 더 접할 수 있어서 **45.2%**
- 굿즈 수집이 재미있고 취미라서 **37.1%**
- 굿즈 문화가 새로운 경험이 될 수 있어서 **16.7%**

굿즈 트렌드에 부정적인 이유는?(중복응답)

- 굿즈 상품들이 대체로 비싸고 비효율적이라서 **68.7%**
- 소비를 조장하는 문화 같아서 **38.8%**
- 시간과 비용을 들일 정도는 아닌 것 같아서 **26.9%**

굿즈 구매를 위해 오픈런 등 시간적 투자를 할 의향이 있는가?

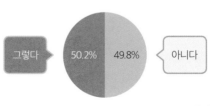

그렇다 50.2% 49.8% 아니다

출처: 잡코리아, 알바몬

한정판 상품에 대한 인식

* 작장인 414명 대상

한정판 상품에 구매 욕구를 느끼나?

20.8%
전혀 느끼지
않는다

20.8%
별로 느끼지
않는다

53.9%
크게 느낀다

한정판 상품을 구매한 적이 있나?

26.8%
구매한 적 없다

73.2%
구매한 적 있다

지금 사두면 더 높은 가격으로
되팔 수 있어서 0.9%

지금 아니면 살 수 없다는 생각
때문에 25.6%

사두면 기념이 될 것 같아서
28.3%

남들이 없는 것을 가졌다는
심리적 만족감 때문 44.8%

한정판 상품의 비싼 가격, 어떻게 생각하나?

소비자들의 한정판 소장 심리를 이용하는 것 같아 이해할 수 없다　31.6%

한정기간만 판매하는 시즌상품이므로 이해할 수 있다　25.9%

특별해 보이지 않는 상품이 비싼 값에 거래되어
이해할 수 없다　22.7%

개수 제한이 있어 어쩔 수 없으므로
이해할 수 있다　19.3%

출처: 잡코리아, 알바몬

부족사회의 리셀 트렌드

중고거래 커뮤니티 앱에서 거래된 리셀 현황

제품명	구입가	리셀가
샤넬 클래식 미듐백	694만 원	830만 원
샤넬 클래식 스몰백	615만 원	740만 원
나이키 에어포스1 파라노이즈	21만 9,000원	300만 원(빨간색 로고), 50만 원(흰색 로고)

성별에 따른 리셀 상품

제품명	성별	구입가	리셀가
샤넬 클래식 플립백 미디엄	2535 여성	694만 원	830만 원
나이키 에어포스1 파라노이즈 레드	1535 여성	21만 9,000원	300만 원
롤렉스 오이스터 퍼페츄얼 데이토나스틸	3040 남성	1,551만 원	2,970만 원

출처: 아시아 경제

리셀 운동화 가격 순위

* 2020년 1월 기준

순위	브랜드	모델명	발매년도	거래가격
1	나이키	에어 맥스 백 투더 퓨처 BTTF	2016	3,723만 원
2	아디다스	휴먼 레이스 NMD 퍼렐 (샤넬 컬래버)	2017	2,884만 원
3	나이키	덩크 로우 SB 파리	2002	2,883만 원
4	나이키	에어조던 4 레트로 에미넴 엔코어	2017	2,442만 원
5	나이키	에어 백 투더 퓨처 BTTF	2011	1,960만 원
6	나이키	에어조던 4 레트로 에미넴 칼하트	2015	1,903만 원
7	나이키	에어조던 4 레트로 언디피티드	2018	1,846만 원
8	나이키	덩크 로우 스테이플 NYC 피존	2005	1,767만 원
9	나이키	에어조던 DJ 칼리드 파더 오브 아사드	2017	1,729만 원
10	나이키	에어조던 코비 PE 팩 3&8	2016	1,729만 원

출처: 스톡엑스

밀레니얼의 커뮤니티 성향

나만 아는, 동창회 적극적인 불참 이유는?

* 밀레니얼 1,000명 대상

사람들을 만나 감정노동을 하는 것 자체가 귀찮아서	13%
나와 잘 맞지 않은 사람들이 많아져서	11.8%
친하지도 않던 사람이 친한 척 하는게 싫어서	11.8%

개인의 취향 & 관계 맺기에 대한 태도(동의율)(중복응답)

나는 내 취향에 다른 사람이 공감해주면 기분이 좋다	84.0%
나는 나와 같은 취향, 가치관을 가진 사람들과 만나는 것이 즐겁다	80.0%
나는 나의 취향과 비슷한 사람들이 모여 있는 곳에서 소속감을 느낀다	59.7%
나는 나와 비슷한 취향을 가진 사람들을 보면 왠지 모르게 반갑다	80.7%
나는 나와 비슷한 취향을 가진 사람들을 보면 동질감을 느낀다	76.6%

출처: DBR

참고문헌

- 이지원, "깊은 관계는 싫어! 밀레니얼 세대의 외로움? '살롱문화'로 해결!", 데일리팝, 2020년 1월 14일
- 김지연, "취향의 시대, 관계를 다시 묻다", 르몽드, 2020년 4월 29일
- 김정화, "나도 몰랐던 내 성향을 알려 주네… MBTI에 빠진 2030", 서울신문, 2020년 6월 7일
- 이택현, "취향이 같은 취미생활, 우리 회사랑 공유하세요", 국민일보, 2020년 1월 12일
- 손기은, "빌딩 숲을 달린다… 나는 '러닝 크루'!", 한겨레, 2019년 6월 5일
- 최순환, "소비자를 불러모으는 팝업 커뮤니티", 제일매거진, 2019년 10월 8일
- 윤신원, "대학 기숙사서 시작해 '샐러드계의 스타벅스' 키운 CEO 3인방", 아시아경제, 2020년 3월 6일
- 한승곤, "가성비 대신 가잼비, 2030 '펀슈머'에 빠졌다", 아시아경제, 2019년 12월 28일
- 전정욱, "편의점 이색 젤리 경쟁… 단무지·치킨무·과일박스, 모양도 다채롭네", 스포츠동아, 2020년 7월 24일
- 고승희, "2020년은 뉴밀리어 시대, 익숙한 새로움을 찾는다", 헤럴드 경제, 2020년 1월 2일
- 박수현, "이 조합 뭐야? 유통업계 불어 닥친 '이색 컬래버' 열풍", 공공뉴스, 2020년 6월 29일
- 이종화, "유통업계, MZ세대 눈길 잡아라 '특명'… 이색 컬래버 열풍", UPI뉴스, 2020년 6월 5일
- 박희아, "TMI에서 MBTI로 넘어간 아이돌 팬덤의 '요구'", GQ, 2020년 4월 13일
- 김예랑, "'허세롭다'… 유튜브서 조롱받던 '깡'의 역주행", 한국경제, 2020년 5월

24일

• 김재희, "움짤 보는 재미 줄어들었다면?… 콘텐츠 보며 '댓글 맛집' 투어하세요",
동아일보, 2020년 6월 21일

• 신민경, "'희소'가 곧 경쟁력… '에그슬럿·섬머레디백'에 열광하는 소비자들", 쿠
키뉴스, 2020년 7월 22일

• 이예리, "22만 원에 산 운동화 500만 원에 팔아… MZ세대의 재테크 '스니커테
크'", 29STREET, 2020년 5월 18일

• 한다원, "코로나 시대, 오프라인 중심엔 '리셀'이 있다", 시사저널, 2020년 5월
27일

• 김소희, "국경 없는 콘텐츠 3대 키워드 '실험·진정성·일반인'", 조선비즈,
2020년 5월 31일

• 김동섭, 윤현종, "'이 로고' 붙이면 한낱 벽돌도 '300만 원'", 인터비즈, 2019년
9월 2일

• 한경진, "샤테크·슈테크·롤테크… 명품 되팔기 시장 급성장", 조선일보, 2020년
5월 25일

• 신혜영, "유튜버 '뒷광고' 논란… 네티즌들 뿔났다", 시사매거진, 2020년 9월 4일

• "창업 9년간 연매출 50%씩 성장… 매장 64곳 지역 농산물로 만든 '건강 샐러드'
판매해 성공", 이코노미 조선 178호, 2016년 12월 5일

• "'같이'의 온기가 필요할 때, 혼족을 위한 필수어플", 공감신문, 2019년 12월
10일

• 채수한, "블랙야크가 만든 커뮤니티 브랜드 BAC, 산을 좋아하는 사람들과 함께
하다", 패션포스트, 2020년 4월 21일

• 이주현, "오뚜기, 진짬뽕과 진짜장의 만남 '진진짜라' 출시", 전자신문, 2020년
3월 26일

• 장대청, "사막 열기로 구운 김… 게임업계 이색 콜라보 눈길", 뉴스웍스, 2020년
9월 27일

이미지 출처

- 미샤 인스타그램
- 에뛰드하우스 인스타그램
- 롯데 페이스북
- 농심 페이스북
- 휠라 페이스북
- 뚜레주르 페이스북
- 블랙야크 페이스북
- 스테이폴리오 페이스북
- 빙그레 페이스북
- 삼양식품 홈페이지
- 마플샵 홈페이지
- 쿠팡 홈페이지
- CU
- 모나미
- 쿠캣

3개월마다 만나는 마이크로 트렌드
Vol. 3 만나면 좋은 친구들

2020년 11월 15일 초판 1쇄 발행

지은이 포럼M (한국능률협회 밀레니얼연구소)
펴낸이 김상현, 최세현   **경영고문** 박시형

책임편집 김명래   **디자인** 정아연
마케팅 양근모, 권금숙, 양봉호, 임지윤, 조히라, 유미정
디지털콘텐츠 김명래   **경영지원** 김현우, 문경국
해외기획 우정민, 배혜림   **국내기획** 박현조
펴낸곳 (주)쌤앤파커스   **출판신고** 2006년 9월 25일 제406-2006-000210호
주소 서울시 마포구 월드컵북로 396 누리꿈스퀘어 비즈니스타워 18층
전화 02-6712-9800   **팩스** 02-6712-9810   **이메일** info@smpk.kr

ⓒ 한국능률협회(저작권자와 맺은 특약에 따라 검인을 생략합니다)
ISBN 979-11-6534-267-8(03320)